体验与成长：大学生心理教育

赵瑛杰　刘小嘉　王　禹 ◎ 著

吉林出版集团股份有限公司

图书在版编目（CIP）数据

体验与成长：大学生心理教育 / 赵瑛杰，刘小嘉，王禹著. — 长春：吉林出版集团股份有限公司，2024.6
ISBN 978-7-5731-5089-9

Ⅰ．①体… Ⅱ．①赵… ②刘… ③王… Ⅲ．①大学生—心理健康—健康教育—研究 Ⅳ．①G444

中国国家版本馆CIP数据核字（2024）第110327号

体验与成长：大学生心理教育
TIYAN YU CHENGZHANG：DAXUESHENG XINLI JIAOYU

著　　者	赵瑛杰　刘小嘉　王　禹
责任编辑	张继玲
封面设计	林　吉
开　　本	710mm×1000mm　1/16
字　　数	280千
印　　张	18
版　　次	2024年6月第1版
印　　次	2024年6月第1次印刷
出版发行	吉林出版集团股份有限公司
电　　话	总编办：010-63109269
	发行部：010-63109269
印　　刷	廊坊市广阳区九洲印刷厂

ISBN 978-7-5731-5089-9　　　　　　　　　　定价：78.00元

版权所有　侵权必究

前　言

新时代大学生对美好生活的需求越来越丰富，具有多元化和多层次的特点，每个大学生满足自身需求的能力和资源同样具有不断变化的特点：一方面，新的时代背景为大学生健康成长、成才提供了诸多便利条件和优势资源。另一方面，新的时代亦为大学生的和谐发展提出了不少新要求和新挑战。进入大学后，大学生会获得不同类型的情感体验，体验性质和强度不仅与其对大学生活的满意程度密不可分，还和个人的能力、才华、资源及经验的积累息息相关。

大学生的心理健康历来是全社会关注的焦点之一，尤其是当我们的国家以世人瞩目的速度完成了高等教育由精英化向大众化的转变，大学生心理健康与民族的未来更加休戚相关。因此，培养大学生的理想人格便成为高校在素质教育平台上的重要理念。而理想人格的形成离不开科学心理教育的引导。

本书从绪论入手，介绍了大学生心理健康教育特性、大学生心理健康教育改革，并详细分析了大学生学习心理发展与教育、大学生的心理危机、大学生网络心理问题及教育以及大学生择业心理问题与指导，最后重点探讨了大学生心理健康教育方法实践。

笔者在撰写过程中，参阅和引用了一些文献资料，在此表示感谢，也感谢一直以来支持、鼓励和鞭策笔者成长的师长和学界同仁。由于笔者水平有限，书中难免存在不足之处，恳请广大学界同仁和读者批评指正。

赵瑛杰　刘小嘉　王　禹

2024 年 3 月

目　录

第一章　大学生心理发展与健康 …………………………001
第一节　心理发展与心理健康 …………………………001
第二节　大学生的心理健康教育 ………………………030
第三节　大学生心理健康教育的意义与途径 …………038
第四节　大学生存在的心理问题及应对策略 …………049

第二章　大学生心理健康教育特性分析 ………………064
第一节　心理健康教育课的体验性 ……………………064
第二节　心理健康教育课的学生主体性 ………………071
第三节　心理健康教育课的生成性 ……………………077
第四节　心理健康教育课的现实性 ……………………083

第三章　大学生心理健康教育改革研究 ………………089
第一节　大学生健康教育课程现状 ……………………089
第二节　大学生健康教育课程相关研究 ………………095
第三节　大学生健康教育课程改革的必要性 …………108

第四章　大学生学习心理发展与教育 …………………114
第一节　大学生学习特点与心理机制 …………………114

第二节　大学生学习能力的培养 ·············· 138
　　第三节　大学生学习策略的掌握 ·············· 151

第五章　大学生的心理危机分析 ·············· 159
　　第一节　大学生心理危机研判 ·············· 159
　　第二节　大学生心理危机的识别 ·············· 178
　　第三节　大学生心理危机干预 ·············· 189
　　第四节　大学生心理危机干预体系 ·············· 208

第六章　大学生网络心理问题及教育 ·············· 220
　　第一节　网络对大学生的影响 ·············· 221
　　第二节　大学生网络心理问题 ·············· 231
　　第三节　大学生健全网络人格的培养 ·············· 242

第七章　大学生择业心理问题及其指导 ·············· 248
　　第一节　大学生择业概述 ·············· 249
　　第二节　大学生择业的心理问题 ·············· 256
　　第三节　大学生择业的心理准备 ·············· 266

参考文献 ·············· 278

第一章 大学生心理发展与健康

第一节 心理发展与心理健康

一、心理现象及其发生原理

（一）心理的科学认识

在古代，人们认为心理是心脏的功能，这从汉字字形及其所指就可以看出，如思、想、恋、怒、悲等表示心理现象的词，都由"心"做部首。但现代科学证明，心理是大脑的机能，大脑神经系统进化的程度决定着心理发展的水平。

心理是人脑对客观世界的反映，客观世界的多样性催生了心理反映的复杂性，即与什么样的客观世界接洽，就有对应的心理反映。心理还是人脑对客观世界的主观反映。人对客观世界的反映不是照相，也不是被动地吸收，而是主动地观察、分析和整合。比如，面对同一幅画，不同的人会产生不同的理解。因此，心理离不开人的大脑，它是人的大脑对客观现实的主客观反映。既然是对客观现实的反映，那么说明心理现象的产生与当事人实际生活的经历有关。同时，由于是主观反映，人的心理也就免不了会烙上个体经验、偏见甚至虚幻的印记。

（二）心理现象的不同类型

1. 感知觉

感知觉是人类心理产生的初级形式。例如，听到喇叭声，看到物体的光亮、颜色，尝到水果的味道等，这些都属于感觉。在这些感觉的基础上，人们能辨认出花朵、果实等，那么就产生知觉了。对于感知觉，人们往往称它为"事实"的化身。"眼见为实"便是人们信任感知觉的写照。然而，我们的感知觉并非如人们所期望的那样可靠，甚至会无中生有。

2. 记忆

记忆是心理重建的过程，它是在一定的社会环境中进行的，具有一定的社会性。人们对过去事件的记忆不只是简单的保存和再现，而是受文化态度和个人选择影响的心理重建。

在记忆的过程中，图式起着重要的作用。人们总是不自觉地改变事件的某些细节，以使整个事件更符合已有的图式。而且人们总能在不知不觉中将新的事物纳入自己的图式中，并不断地对已有图式进行重建。

3. 思维

思维是帮助人们摆脱具体事物的羁绊，并让人们邀游于思想太空的高级心理活动，它帮助人们创造了千千万万个奇迹，但它也存在定式效应，使人们习惯于从固定的角度来观察、思考事物，同时以固定的方式来接受事物。

4. 信念

我们每个人都有关于所处世界的种种想法，这些想法来自观察和经验。它告诉我们世界是什么、我们为什么要存在、该怎么做才是对的等等。信念的根基在于合理性，不过也有心理学家提出质疑，合理性虽然建造在心灵和语言的结构之中，却并不表明理性必然会遵循逻辑规则。20世纪60年代以来的一系列心理学实验表明，在人们的演绎推理和或理性推理中，普遍存在着某些类型的具有一贯性的（而不是偶然的）和深层的（而不是表面的）推理错误。在正常情况下（而不是在疲劳、遗忘、注意力不集中、情绪激动等情况下），人们的推理活动常常会违背某些推理规则，而且这些实验的结果往往具有高度的一致性。

二、心理和心理发展

（一）心理

1. 概念界定

心理是一种客观存在于自然界和每一个人身上的特殊现象，即心理现象。动物有心理现象，人也有心理现象，甚至从人类生产的产品中也可以看到一些心理现象。但更直接、更典型的心理现象是表现在每个具体的人身上的。因此，这里所说的心理现象，是指在个体身上表现出来的，可以感觉、能够观察的受内在心理活动支配的行为活动及其内在的心理过程。

主导心理活动的是人们的神经系统及其"主管"——"脑"，所以，心理是神经活动的产物，是脑的机能。但它又不是脑本身，而是在脑活动的基础上对各种刺激的主观反映并对其进行加工的结果。因此，心理是脑的机能，是客观世界在人脑中反映的结果。

心理现象作为脑的机能是以活动的形式存在的，它以脑的神经活动为物质基础。脑的神经活动是一个生理过程，而心理活动则是对外界刺激作用的反映活动，是对外界信息的加工。

环境刺激是心理的源泉和内容，神经活动对它们的加工和处理就是心理活动。因此，心理活动是对现实刺激的反映，即通过神经系统的感觉、知觉、想象或思考的加工过程，最终以映像、观念或情绪的形式保存在人的大脑中，形成人们的记忆、体验和观念。当人们能够觉察到这一过程时，便形成了人们的意识活动。当这一过程通过外部活动显现出来，表现出的就是人们的行为活动，如表情、说话、动作等。当某个个体经常性地以某种心理过程及外部行为应对生活刺激，就形成了该个体独特的习惯化心理反映形式，统称为个性或人格，这包含了个体的气质、性格、能力等结构化心理特征。所有这些心理活动过程和结构化心理特征及其外部表现行为，就是人们所说的心理现象。

感觉与知觉是关于事物外部属性的反映，以映像的形式发生。在一定条件下，存储的映像可以在观念中再现，这就是记忆。在记忆中存储和再现的映像，称为表象。映像在人的经验中得到积累和丰富，并在另外的条件下被重新组合而呈现出与原来不同的或全新的映像，这就是想象。想象是比表象更高一级的脑的功能。对于某些事物，尤其是它们所具有的不能被直接感知的属性，可通过对它们进行分析与综合、抽象与概括，揭示出它们的内在属性和规律以及事物之间的联系，这就是思维过程。思维是人类认识世界和创造新事物的高级心理工具。

上述感觉、知觉、记忆、表象、想象和思维的活动过程，统称为认识过程或认知过程。认识是人的基本心理活动，也是首要的心理功能。

除认识活动之外，还有意志活动和情绪活动。意志活动是思维决策见之于行动的心理过程；情绪活动是伴随认知与意志过程而生的独特体验。意志和情绪各有其独特的表现形式和发生规律。认知、情绪和意志是组成人的心理活动或心理过程的主要形式。

所谓个性或人格，是指随着实践经验的积累，在不知不觉中，心理活动的某些特点可以恒定地存在于个体的心理世界，也就是将个体的各种心理要素以不同的方式联系和组织起来，以一定的结构形式表现在行为之中,形成人的个性心理特征。其中主要包括才能、气质和性格等心理要素。才能主要是由人的认识能力和解决问题的实践能力所组成。凡认识活动以及操作实践的某些方面的最优特性集中在某人身上,他就可以被标定为才能较高的人。气质与性格所涉及的心理特性比才能更加广泛,它们不仅包括认识特性,还包括意志和情绪特性。人的认知、意志和情绪在强弱程度、延续程度、灵敏程度、坚韧程度、激活程度等多维量的组合,构成了个体的气质特征和性格特性。比如个体的性格特性可标定为坚强而稳定、活泼而热情、独立而果断等。由于人的心理活动特征的多样性,其多维量、多层次的叠加与组合,就形成了各种各样的能力、气质与性格,这些心理活动特征在具体的人身上所形成的个性,标志着其具有个体差异的心理世界和精神面貌。

2. 特征表现

心理现象非常复杂,但是在复杂的背后,却有着共同的特点。

第一,心理是观念的反映。心理的反映形式是非物质的、观念的反映。刺激物的意义通过脑的过程在动物的行为应答中表现出来。人们的感知、记忆、理解等,就是非物质的、观念的反映。

这种观念的反映，在人的思维加工阶段，可以产生观念的主体——人的知觉，这就是人的意识。观念的反映组成了人的精神世界，促使人认识世界、存储知识、制订计划、调节行为；它还使人能够适应环境、改造环境、组织社会生活、创造新的世界等，这就是以心理活动为依据的人的精神力量。

第二，心理是对客观世界的主观反映。由于人在生活经历中除了直观地认识现实事件之外，在头脑中还存储了个人所获得的知识和经验。每次在新事件作用下所产生的反映，均经过已有的知识、经验以及个人特性的映射，带有很强的主观性和个体性。

第三，心理以活动的形式存在。从感觉到思维的过程，犹如计算程序，是信息加工的过程，是心理运算的活动。感觉，如对光产生的视觉映像，只在反映的过程中存在；思维，明显是在某一主题下的人脑活动。思维或其他心理过程，都是在人脑外显或内隐的交替操作中进行的。人脑似乎可以呈现出思维或知觉的产品，例如设计的图样或知觉的图形，但它们不是静止的，图样呈现本身就是心理操作。

（二）心理发展

1. 定义

心理发展有广义和狭义之分。

广义的心理发展是指心理的种系发展、心理的种族发展和个体心理发展。狭义的心理发展是指个体的心理发展，是个体从出生到成熟至衰老的整个生命历程中的心理发展。发展意味着生长，从简到繁、从低级到高级的过程。

2. 心理发展的基本特性

心理发展具有以下四个基本特性：

（1）整体性。个体心理是由各种心理过程和现象有机联系的整体。心理发展是在各种心理过程和相互作用中实现的。理解心理发展的整体性需要把握两个要点：第一，作为整体心理活动有其独特的规定性，它不等同于各种心理现象特征相加的集合。第二，心理发展是在各种心理过程紧密联系、相互制约、相互作用的关系中进行的。

（2）社会性。人的心理发展受到人类社会环境的制约，并在社会生活条件和人际交往过程中得以实现。人的高级心理机能的发展由社会文化所决定，是通过语言符号的中介作用而不断内化的结果。语言符号的运用本质上就是人与人之间交往的体现。可见，个体的心理发展是受社会制约的。

（3）活动性。个体心理的发展是主体与客体之间相互作用的结果，而主客体相互作用的桥梁就是活动。心理发展不能简单地以先天排定的发展程序展开，也不能机械地归为后天环境所决定，对心理发展起决定作用的是主体与客体之间的相互作用。两者的相互作用是指：客体对主体的刺激和要求；主体对客体采取的一系列活动；动作和活动是主客体相互作用的中介。这里所说的动作和活动包括外部动作和内化活动两个方面。活动的内化，也就是外部的活动逐步改造为内部智力的活动。换言之，内化是一种过程，一种特殊的转化过程。内化过程表现为概括化、语言化、简约化和超越化，在这里，超越是指能够超出外部活动的界限而转化为内部的智力活动。

（4）规律性。心理发展的规律性表现在心理发展的普遍性和特殊性的统一、心理发展的方向性和顺序性、心理发展的不平衡性等方面。

①心理发展的普遍性和特殊性的统一。人的个体心理都具有独特性，不可能存在两个人心理特征完全相同的现象，这是心理的个性。心理发展又具有共性，共性寓于个性之中，又是从个性中抽象出来的共同特征。个体的心理活动，是共性和个性的统一，即遵循着普遍性和特殊性统一的原则。

②心理发展的方向性和顺序性。心理发展的方向性是指心理发展的指向，一般来说，发展的趋向是从简单到复杂、从低级向高级的。心理发展的顺序性是指心理发展遵循着确定的序列，如从婴儿期、幼儿期、童年期、少年期、青年期到中老年期的发展变化。这个发展顺序是固定的、不能颠倒的。心理发展的方向性和顺序性是先天排定的。

③心理发展的不平衡性。心理发展的不平衡性是指个体一生的心理发展并不是随年龄的增长而匀速前进的，它是按不均衡的速率向前发展的，即在一生的发展历程中，有的时期发展速度快，有的时期发展速度慢。心理发展过程中，婴幼儿期属第一发展加速期；童年期是发展速度较快的发展期；少年期是第二个加速发展期；青年期结束，心理发展达到高峰，进入成熟期；中年期处

于平稳发展变化期；老年期的心理变化呈下降趋势。这就是心理发展的不平衡性。

三、健康与心理健康的指标划分

（一）健康

1. 健康的界定

社会的进步与发展，在促进物质生活水平迅速提高的同时，也让人们感受到了前所未有的压力，压力增大带来的直接结果就是心理问题增多，迫使越来越多的人开始关注自身的健康，特别是心理健康。过去"没有疾病就是健康"的传统健康观念已经逐渐被新的健康理念所取代，从最初的"一维"健康观到后来的"三维""四维"再发展到现在的"五维"健康观，人们赋予了健康更广泛、更丰富的内涵。

过去，很多人认为健康就是身体没有缺陷和疾病，这是传统的"一维"健康观。随着人们对健康的认识逐步深入，对健康的理解也越来越丰富。世界卫生组织作为全球最权威的负责人类健康事务的机构，在1948年成立时，在其宪章中明确指出："健康不仅仅是没有疾病和衰弱的表现，而是生理上、心理上和社会适应方面一种完好的状态。"[①]这就是我们所说的"三维"健康观，包括身体健康、心理健康、人格健康三个维度。

1989年，世界卫生组织对健康做了新的定义，提出了"四维"健康理念，即"健康不仅是没有疾病，还包括躯体健康、心理健康、社会适应良好和道德健康"[②]。在健康概念中增加了道德健康，体现了社会对人的要求和人自身内在的需求。道德健康是指不能损害他人的利益来满足自己的需要，能按照社会认可的道德行为规范来约束自己，支配自己的思维和行动，具有辨别真伪、善恶、荣辱的是非观念和能力。据测定，违背社会道德、触犯法律的人往往会出现内疚、自责、紧张、恐惧、焦虑不安、失眠、神经衰弱等严重心理问题，从而引发神经系统、内分泌系统的功能紊乱，免疫系统的防御能力下降，进而导致身体素质下降。

进入21世纪，人们又对健康赋予了新的内涵，出现了"五维"健康观，首次提出行为健康的观点。行为健康指的是建立在身体健康、心理健康、社会适应能力和道德健康基础上的外在行为表现。行为健康表现在六个方面：①有利性，即行为表现对自身、他人、环境有利。②规律性，即起居有常，饮食有节。③理

---

① 世界卫生组织：《世界卫生组织宪章》[Z]. 1948.
② 世界卫生组织：（1989年起）《关于健康的多维度理解：四维健康理念简介》，[根据世界卫生组织官方信息整理].

性，即行为表现可被自己、他人和社会所理解和接受。④常态性，即行为表现在正常范围内并保持积极状态。⑤同一性，即外在行为与内在思维动机协调一致，与所处的环境条件无冲突。⑥和谐性，即个人行为与他人或环境发生冲突时，能够包容和适应。世界卫生组织还公布了一组统计数据[①]：一个人的健康15%取决于遗传，10%取决于社会生活条件，8%取决于医疗条件，7%取决于自然环境，60%取决于个人生活方式。在人类致死的原因中，有60%是不良行为。很多疾病如高血压、糖尿病、肥胖症等都与不良行为和不良生活习惯有关。可以肯定的是，不良的生活方式和不良行为习惯是引发现代人患上多种疾病的主要根源。

2. 健康标准

1978年，世界卫生组织提出了健康的十条标准：①充沛的精力，能从容不迫地应付日常生活和工作的压力而不感到过分紧张和疲劳。②处世乐观，态度积极，乐于承担责任，事无大小，不挑剔。③善于休息，睡眠良好。④应变能力强，能适应外界环境中的各种变化。⑤抵御一般感冒和传染病。⑥体重适当，身材匀称，

[①] 任琳：《基于健康理念的大学生心理发展教育研究》，吉林人民出版社，2021年版。

站立时头、肩、臂位置协调。⑦眼睛明亮，反应敏锐，眼睑不发炎。⑧牙齿清洁，无缺损，不疼痛，牙龈颜色正常，无出血现象。⑨头发有光泽，无头屑。⑩肌肉丰满，皮肤有弹性，走路轻松有力。其中前四条为心理健康的内容，后六条为生物学（生理、形态）方面的内容。①

（二）心理健康水平的划分指标

关于心理健康的定义有很多，国内外许多专家学者从各自关注的不同角度对心理健康进行了论述，但迄今为止也没有统一的、公认的定论。

1946年，第三届国际心理卫生大会指出，所谓心理健康，是指在身体、智力及情感上与他人的心理健康不相矛盾的范围内，将个人心境发展成最佳状态。

尽管关于心理健康的定义很多，但大体上可以总结出一些共同点：第一，心理健康是一种内外协调的心理状态。第二，适应良好，尤其是社会适应良好。第三，心理健康是一种积极向上的发展状态。

心理健康水平的划分指标如下：

---

① 世界卫生组织：（1978）《健康的十条标准》，[未具体指明文件名称，根据世界卫生组织官方信息整理]。

1. 心理正常与心理不正常

任何事物都有正反两面，人的心理健康状况同样也有正常与不正常（异常）之分。但由于没有公认的统一区别标准，在日常生活、心理咨询以及临床诊断中，人们往往会从不同角度，按照不同的经验和标准去区分，特别是在日常生活中，人们根据常识性的认识，基本可以判断一个人心理是否正常。例如，一个人走在大街上，边走边骂，自言自语，举止怪异，我们大致可以判断此人心理不正常，这是常识性判断。此外，判断一个人心理正常与不正常还有标准化和非标准化之分，但这里主要从心理学的角度来区分与判断。

根据国家职业资格培训教程《心理咨询师（基础知识）》[1]中援引中国心理卫生协会副理事长郭念锋的观点，因为心理是人脑对客观现实主观能动的反映，从这个基本点出发，判断一个人心理正常与不正常，可以依据以下三个方面：

第一，主观世界与客观世界是否统一。因为心理是对客观现实的反映，所以任何正常的心理活动和行为，必须在形式和内容上与客观环境保持一致。不管是谁，也不管是在怎样的社会历史

---

[1] 郭念锋主编：《心理咨询师（基础知识）》，民族出版社2005年版。

条件和文化背景中，如果一个人说他看到或听到了什么，而客观世界中并不存在引起他这种感知觉的刺激物，那么，我们就可以肯定，这个人的精神活动不正常了，他产生了幻觉。另外，当一个人的思维内容脱离现实或思维逻辑背离客观事物的规律性时，便会形成妄想。这些都是我们观察和评价人的精神与行为的关键，我们称为统一性（或同一性）标准。只要人的精神或行为与外界环境失去统一，就必然难以被人理解。

第二，心理活动的内在是否协调一致。人类的精神活动虽然可以被分为知、情、意等部分，但它自身是一个完整的统一体，各种心理过程之间具有协调一致的关系，这种协调一致性保证人在反映客观世界过程中的高度准确和有效。比如，某人遇到一件令人愉快的事，会手舞足蹈，欢快地向别人述说自己内心的体验。这样，我们推定他精神与行为是协调一致的。如果用低沉的语调向别人诉说令人愉快的事，或者对痛苦的事作出快乐的反应，因此我们判定他的心理过程失去了协调一致性，处于异常状态。

第三，人格是否相对稳定。每个人在自己的生活环境中都会形成独特的人格心理特征，这种人格特征形成之后具有相对的稳定性，在没有重大外界变化的情况下，一般是不易改变的，它总是以自己的相对稳定性来区别一个人与其他人的不同。如果在没有明显外部原因的情况下，这种人格的相对稳定性出现问题，我们也要怀疑一个人的心理活动是否出现异常。这就是说，我们可以把人格的相对稳定性作为区分心理活动正常与异常的标准之一。例如，一个极度节俭的人突然挥金如土，或者一个待人接物很热情的人突然变得很冷淡，如果我们在他们的生活环境中找不到足以促使他们发生巨大改变的原因，就可以推测他们的精神活动已经偏离了正常轨道。

2. 心理健康与心理不健康

从健康心理学的角度来看，心理健康与心理不健康都属于心理正常范围，因为不健康不属于病态。

心理不健康状态可包含如下类型：一般心理问题、严重心理问题、神经症性心理问题（可疑神经症）。一般心理问题是由现实因素激发、持续时间较短、情绪反应能在理智控制之下、不严重破坏社会功能、情绪反应尚未泛化的心理不健康状态；严重心理问题是由相对强烈的现实因素激发、初始情绪反应强烈、持续时间较长、内容充分泛化的心理不健康状态；神经症性心理问题

（可疑神经症）属于神经症的早期阶段。

3.常态、偏态与病态

（1）常态：心理健康状态。个体能正常学习、生活和工作，无较大困扰，个体行为与社会环境基本相适应。

（2）偏态：心理失调状态。个体有精神痛苦和社会功能损害，在程度上有轻度心理失调、严重心理失调之分。

轻度心理失调（一般心理问题）：持续时间较短（1~3个月），境遇性强，有些问题会随时间推移自行缓解或消除，有些通过当事人主动调节也可以解决，个体生活、学习、工作基本能正常进行，但效率会有所下降。一般心理问题如果不及时有效地调节，会发展为较严重的心理障碍。

严重心理失调（严重心理问题或心理障碍）：时间持久（3~12个月），内容泛化，自身难以克服，需他人帮助，或需要转移环境摆脱痛苦，社会功能受损严重，规避行为多，如休学、辞职、自闭等。

（3）病态：心理疾病状态。心理活动严重紊乱，干扰了正常感知和思维，甚至出现人格偏离和行为异常，发病期个体的社会功能几乎处于瘫痪状态。

4. 亚健康

亚健康是相对健康状态而言的。所谓亚健康状态，通常是指无临床症状和体征，或者有病症感觉而无临床检查证据，但有潜在发病倾向，处于一种机体结构退化、生理功能减退和心理失衡的状态。亚健康状态是指介于健康与疾病之间的临界状态，各种仪器及检验结果均为正常，但人体有各种各样的不适感觉。通常把这种状态称为"第三状态"，我国称为"亚健康"状态。因为其表现复杂多样，所以目前国际上还没有一个具体的标准化诊断参数。

一般来说，亚健康状态由四大要素构成：排除疾病原因的疲劳和虚弱状态；介于健康与疾病之间的中间状态或疾病前状态；在生理、心理、社会适应能力和道德上的欠完美状态；与年龄不相称的组织结构和生理功能的衰退状态。

以世界卫生组织"四位一体"的健康新概念为依据，亚健康可划分为四种：①躯体亚健康，表现为不明原因或排除疾病原因的体力疲劳、虚弱、周身不适、性功能下降或月经周期紊乱等。②心理亚健康，表现为不明原因的脑力疲劳、情感障碍、思维紊乱、恐慌、焦虑、自卑以及神经质、冷漠、孤独、轻率，甚至产生自杀念头等。③社会适应亚健康，表现为对工作、生活、学习等环境难以适应，对人际关系难以协调。④道德亚健康，表现为世界观、人生观和价值观上存在着明显的损人害己的偏差。

调查显示，我国亚健康人群发生率在45%~70%，发生年龄主要在35~60岁之间。人群分布特点：中年知识分子和以从事脑力劳动为主的白领人士、领导干部、企业家、影视明星是亚健康高发人群，大学生亚健康问题也令人担忧，老年人亚健康问题复杂多变，特殊职业人员亚健康问题突出。①

导致亚健康的原因有以下几点：第一，长期饮食不规律、膳食结构不合理。很多人由于工作节奏比较快，生活方式不健康，导致一日三餐长期不规律，饥一顿饱一顿，或者长期忽视早餐，饱食晚餐，膳食结构不合理，随心所欲，长此以往都会导致体内营养失衡，直接影响身心健康。第二，生活长期无规律，作息不正常，睡眠不足，也会使人体生物钟处于失调状态，使人体免疫力低下，白天头昏脑涨，浑身乏力，工作效率低下。第三，工作压力大，特别是单位的领导、业务骨干、业界精英等，精神长期

---

① 李小林，李小萍，彭自安主编：《健康体检指南》军事医学科学出版社，2004年版。

高度紧张,体力透支,身心疲惫。第四,不良精神、心理因素刺激。第五,个性原因,对自己的期望值过高,争强好胜,追求完美,过于认真、较真等个性特点也是亚健康的重要原因。

预防或减轻亚健康的方法有以下几点:第一,"平",即平衡心理、平和心态、平稳情绪。面对客观现实,自己可以从主观上正确面对,积极调控自己的心态,以不变应万变。第二,"减",即适时、适当、适度通过合理渠道和方法缓解过度的紧张和压力,减轻工作负担,不一定要事事亲为。第三,"顺",即顺应生物钟,不要违反自然规律,调整好休息、睡眠与工作的关系,有张有弛,劳逸结合。第四,"增",即积极参加健身等适合自己的户外运动,通过有氧代谢运动等提高自身免疫力,增强身体素质。第五,"改",即改变不良生活方式和习惯,科学养生,关爱自己,从源头上避免亚健康状态的发生。

(三)关于心理健康的标准

关于心理健康的标准,目前国内外也没有统一的认识。由于研究者各自的角度不同,心理健康的标准也各不相同,于是出现了经验性标准、社会规范标准、临床诊断标准、统计学标准和心理学标准。下面就心理学标准进行详述。

1. 美国学者坎布斯提出的心理健康标准：①积极的自我观。②恰当地认同他人。③面对和接受现实。④主观经验丰富，可供取用。

2. 美国心理学家马斯洛和密特尔曼提出了心理健康的十条标准：①是否有充分的安全感。②是否对自己有较充分的了解，并能恰当地评价自己的能力。③自己的生活和理想是否切合实际。④能否与周围环境保持良好的接触。⑤能否保持自身人格的完整与和谐。⑥是否具备从经验中学习的能力。⑦能否保持适当和良好的人际关系。⑧能否适度地表达与控制自己的情绪。⑨能否在集体允许的前提下，有限度地发挥自己的个性。⑩能否在社会规范的范围内，适度地满足个人的基本需求。

3. 第三届国际心理卫生大会提出的心理健康标准：①身体、智力、情绪十分协调。②适应环境，人际关系良好，有幸福感。③在生活、工作中，能充分发挥自己的能力。

4. 我国心理学学者俞国良提出的心理健康标准：①智力正常。②人际关系和谐。③心理与行为符合年龄特征。④了解自我，接纳自我。⑤面对和接受现实。⑥能协调和控制情绪。⑦人格完整独立。

⑧热爱生活，乐于工作。

一般而言，一个人只要能够在社会生活中正常有效地工作、学习、交往，就能达到心理健康的基本标准。但是，心理健康状态不是固定不变的，它会随着每个人的生活、学习、工作情况而发生改变，每个人不仅要努力达到心理健康的基本要求，更应该追求心理发展的更高层次，提高自己的幸福指数和生命质量。

（四）我国大学生心理健康的标准

根据对国内外有关心理健康一般标准的认识，结合我国大学生心理健康实际情况，大学生心理健康的标准可以概括为以下几个方面：

1. 有良好的智力水平。智力是指人认识、理解客观事物并运用知识经验去解决问题的能力。正常的智力是大学生学习、生活与工作的前提，也是适应周围环境变化的保证。相比较而言，大学生群体智力总体水平偏高。衡量大学生的智力水平，主要看大学生的智力是否能正常、充分地发挥其效能，是否有强烈的求知欲，是否乐于学习，能否积极参与学习活动。

2. 有积极稳定的心态。通常情况下，一个人的心理健康状况往往会直接从情绪上表现出来。大学生正处在人生的黄金时期，他们朝气蓬勃、积极进取、乐观向上、认真学习，努力提升各方面的能力，为人生的发展积蓄力量，这是大学生活的主旋律。从总体来看，大学生群体普遍情绪稳定，乐观积极，但由于处在人生的特殊阶段，无论年龄、心理发展，还是生活境遇、人生节点，都会使处在人生关键阶段的大学生的情绪处在动荡不安之中，他们会为学习、生活、交友、恋爱、就业等各种事情所困扰，从而引起自身的情绪波动。但必须指出，评判心理是否健康并不是依据有没有消极情绪，而是这种消极情绪持续时间的长短或对学习生活影响的程度。心理健康的人总体情绪较稳定，且积极情绪常多于消极情绪，能保持乐观积极上的心态，富有朝气，对生活充满希望，善于控制与调节自己的情绪，既能克制又能合理宣泄，情绪反应与环境相适应。心理不健康的人却容易陷入消极情绪中不能自拔，持续时间较长，甚至严重影响到生活。

3.有正确的自我认识。心理健康的大学生能够正确地认识自己，客观、全面地评价自己，对自己的生活和理想目标规划合理，能把理想的我和现实的我进行统一。对自己的优点和不足有清醒、正确的认识，能够接纳自我，扬长避短，接受不完美的自己，并做到自尊、自爱、自强。

4. 有坚强的意志品质。大学阶段虽然没有了高考的压力，但学业的压力、恋爱交友的压力、能力提升的压力、就业的压力等如影随形，都在不同程度地考验着每个人，这些压力在很大程度上并非来自教师、家长，而是大学生的自我加压。大学生要想顺利完成学业，提高自己各方面的能力，为将来走向社会打下良好的基础，就必须在大学期间克服种种困难，付出艰苦的努力，用自己良好的意志品质战胜各种困难和诱惑，排除各种干扰，使大学成为历练自己的舞台。

5. 有健全统一的人格。人格完整就是指有健全统一的人格，即一个人的所想、所说、所做都是协调一致的，人格结构的各要素，包括气质、性格、能力、需要、兴趣、爱好、信念等都是完整统一的，形成自我同一性，以积极进取的态度把自己的兴趣、需要、目标和行动统一起来。

6. 有和谐的人际关系。心理健康的大学生乐于和他人交往，虽然在学习生活中也会与周围人出现矛盾或摩擦，但能积极寻求解决问题的方法,不会给自己的生活带来太大的负面影响。能够以尊重、信任、理解、宽容、友善的态度与人相处,能分享、接受、给予爱和友谊,有稳定的人际关系,拥有可信赖的朋友,社会支持系统强而有力。心理不健康的大学生不善于与别人相处,人际关系经常处于紧张状态,对别人充满敌意,孤僻、不合群,由于难以处理好人际关系而经常使自己处于痛苦挣扎的状态。

7.有良好的适应能力。进入大学阶段,学习、生活、人际关系等方面都发生了重大的变化,要想顺利适应大学生活,必须要求大学生有良好的适应能力。大学生的适应能力主要表现在社会适应、学习适应和生活适应三个方面。社会适应主要是指能和集体保持良好的关系,能够与集体步调一致,当个人的需要和愿望与社会的要求、集体的利益发生冲突时,能够迅速地进行自我调节,合理平衡三者的关系;学习适应主要指学会学习,掌握科学的学习方法和策略,能够优化自己的学习过程,能够调节自己的学习状态,不断地开发自身的潜能;生活适应主要指能够解决生活中遇到的各种问题,掌握排解心理困扰、减轻心理压力的方法。

8.有与自己年龄一致的心理行为表现,在生命发展的不同年龄阶段,人都有相对应的、不同的心理行为表现,从而形成不同年龄阶段的心理行为模式。大学生正处在青春飞扬的时期,心理健康的大学生精力充沛、思维敏捷、情感活跃、热情洋溢、勇于探索、勤学好问。如果出现长时间萎靡不振、不思进取、喜怒无常,或过于幼稚、过于依赖等心理不健康的表现,就需要引起关注。

根据以上大学生心理健康的诸项标准,要想正确理解和把握大学生的心理健康标准,应该注意以下三个方面:

首先,心理健康状态具有相对稳定性。一个人在相当一段时间内,他的心理状态是比较稳定的。一个心理健康的人也会由于生活中的一些负面事件出现抑郁、烦躁、焦虑、偏激等心理不健康的状态,但不能因此就判断他出现了心理疾病。这种状态往往是短暂的,随着负面事件消失,负面情绪也会自然缓解,而心理不健康是指一种持续的不良状态。事实上,心理健康与不健康、正常与异常、常态与变态之间并没有绝对的界限,只是程度上的不同。从心理健康的诸项标准来看,很多大学生在其中的一个或几个方面出现了偏差,但其他方面都比较正常,这是比较常见的。

按照我国学者的观点，如果将人的精神正常比作白色，精神不正常比作黑色，在白色和黑色之间有一个很大的过渡带——灰色带，事实上我们很多人都会在生活的某个阶段处在灰色带。也就是说，因为生活工作中的某些事件导致自己心理上出现问题，这是很正常的现象。出现问题后如何正确对待、如何调节，使自己从低谷中走出来才是最重要的。

其次，心理健康状态具有发展变化性。大学生在学习生活中经常会遇到各种问题，导致情绪波动，甚至出现比较严重的心理问题，这也是正常状态，很多大学生都能够通过自身的心态调整，或者随着时间的推移自我消化，或者通过他人的帮助走出困境、走出低谷，重新回到学习或生活的正轨。

最后，心理健康状态具有整体协调性。从心理过程的发展来看，心理健康的人的心理活动是一个完整的、统一的、协调的整体，认知是心理健康的基础，意志是心理健康的支点，情感是认知与意志的中介。如果这三个方面失衡，个体就会出现心理问题，甚至是心理疾病。

第二节 大学生的心理健康教育

一、大学生心理健康现状及常见的心理问题

（一）大学生心理健康现状

在我国社会发展的历史进程中，随着经济的快速发展，急剧的社会变迁所引发的心理问题也逐渐增多。大学生活承载着更多理想与现实的冲突，造成情绪波动和心理困惑。因此，大学生心理健康问题必须引起全社会关注，然而我们发现，当前我国高校大学生的心理健康状况不容乐观，提升大学生心理素质迫在眉睫。

（二）大学生常见的心理问题

1.环境不适应

环境不适应在大学新生中较为普遍。尤其是初次离家过集体生活的学生都需要经历一个从不适应到逐步适应的过程。在这一过程中，从小被溺爱或被过度保护的人，以及性格孤僻、内向或

性格暴戾的人不易合群，他们难以适应生活的变化，在孤独感、无助感的折磨下，有的学生容易出现抑郁倾向。

2. 学习的压力

近年来，大学生因学习压力大而出现心理健康问题的现象突出。具体原因包括：学习目标不明确，学习方法不适应，所学专业与自己的学习兴趣、思维方式相左，部分学生的学习成绩不理想，甚至面临留级、休学等。

3. 情感的挫败

在大学生活中，大学生对友情、爱情的渴望更加强烈，伴随而来的是情感上的困惑和失落，如果处理不当，就会受到压抑、抑郁等情绪的困扰。当今大学生大部分为独生子女，在家里受到家长们无微不至的关心和照顾，享受到家庭的温暖和父母无私的爱。进入大学后，由于离开家乡和父母，一些学生难以适应大学生活，不能及时进入大学的学习生活状态，因而产生情绪波动造成各种心理问题。

4. 人际关系问题

大学生的感情世界丰富而敏感，他们渴望与人交往，获得友谊、尊重和理解。因不同的地域、不同的生活习惯、不同的兴趣爱好等造成的差异使得一些学生对人际交往产生了心理戒备，甚至形成封闭心理。这种渴望交往与心理封闭的矛盾，在心理上会形成一个悖论，即一方面渴望与人真诚、平等地进行交往；但另一方面，在与人交往的过程中，却怀有多疑、戒备、封闭的心理。对人际交往的期望值越高，在人际交往过程中的猜忌、戒备心理也越强，自我封闭的状态也就日益严重。反过来，自我封闭越严重，内心的孤独感也就越强，因而更加渴望与人交往，更加渴望真情和理解。封闭与交往的冲突，也是当前一些学生产生失落和自卑心理的重要原因之一。

21世纪对人才的要求更高，除了要有健康的身体、一定的文化知识和技能，还要有良好的心理素质、健全的人格。作为一名大学生，要学会妥善地处理自身问题。当然，大学生心理健康教育的目的也是帮助大学生追求一种更积极的人生境界，从而得到更全面的发展。

5. 就业的困扰

很多大学生对未来和前途充满困惑。经济的转型和波动，无疑使就业形势难上加难。如何在就业困难的环境中实现自我发展，已成为当代大学生必须面对的问题。

二、加强大学生心理健康教育的方法

加强大学生心理健康教育是高等教育的内在要求。当前，社会、学校和家庭都认识到了大学生心理健康教育的重要性。高校也从自身特点出发对学生进行心理健康教育。加强大学生心理健康教育的方法有很多，从目前各高校的做法看，主要有以下五种：

（一）积极优化校园环境，创造良好的心理社会环境

心理学家发现，环境对人的心理影响很大，由此可见，营造文明健康的校园文化氛围成为保证大学生心理健康的重要内容之一。学校应通过心理健康讲座、科普宣传等方式，普及心理健康知识、传播心理健康理念，引导学生关注自身心理健康，积极预防心理问题的产生。社会各界应利用各种传播媒介促进大学生心理健康，普及心理健康知识，以不断提升大学生心理健康水平。

（二）开设心理健康教育课，定期举办相关讲座

大学生心理健康教育的最终目标是培养大学生良好的心理素质，学生心理素质的提高离不开对心理学知识的了解，学校应开设心理健康教育课，让学生系统地学习心理健康知识。另外，定

期举办相关讲座也是十分必要的,这对于普及心理健康知识、提高大学生对心理健康教育的认识具有重要意义。

(三)设立心理教育咨询机构,积极开展学校心理咨询服务

通过开展心理咨询服务,防止大学生心理疾病的潜在发生可能,保证大学生心理健康。高校的心理咨询工作主要以预防为主,采取灵活多样的形式,如个体咨询、电话咨询、网络咨询、小组咨询、挫折考验训练等,帮助学生解除心理困惑;建立大学生心理档案,进行跟踪了解。

将心理健康教育与德、智、体、美、劳的教育紧密结合起来,从心理学角度入手,运用心理学手段消除学生的心理障碍,辅之以其他方面教育的引导,使大学生克服不健康的心理和偏激的观点,进而取得最佳效果,实现全面发展。

(四)鼓励大学生成立心理健康教育社团

大学生组建自己的心理社团可以说是实现大学生心理健康教育较为有效的方式之一。通过大学生的自发组织,可以强化其自我教育意识,使追求心理健康成为一种自觉行为。例如,某高院

的一些学生就成立了一个心理健康协会，并将该协会发展成该学院最大的学生社团，每一位会员都会为传播大学生心理健康知识贡献出自己的一份力量。

三、加强大学生心理健康教育的意义

心理健康的特殊性决定了心理健康教育的重要性，因而加强大学生心理健康教育有其内在的重要意义。

（一）心理健康教育可以起到保证身体健康的作用

人的心理健康和身体健康是相互依存、密不可分的。生理健康是心理健康的基础，心理健康反过来又能促进生理健康。当身体有疾病时，会情绪低落、焦躁易怒；当面临压力时，会头痛失眠、食欲不振。因此，加强对大学生的心理健康教育有助于大学生心理健康和身体健康的和谐。

（二）心理健康教育可以预防精神疾病的发生，提高心理素质

大学生是民族的希望，其身心健康状况不仅影响自己、家庭、学校，更重要的是关系到我国现代化事业的发展。在高校开展心

理健康教育，既可以有效预防心理问题的产生，又可以使暴露出来的某些心理健康问题得以及时解决，这对大学生的健康成长无疑会起到积极作用。

（三）心理健康教育是塑造大学生良好个性和优良思想品德的先决条件

性格健康是心理健康的必备条件。一个人的性格标志着一个人的品德和世界观，即人的性格特征和人的思想品质紧密地联系在一起。也就是说，培养健康的性格和优良的思想品德是同一教育过程中的两个不同的侧面。可见，心理健康教育对大学生个性的形成及思想和品德的训练均起到了积极的促进作用。

（四）心理健康教育是促进大学生智力发展、心理素质提高的基础

在日常学习过程中，若一个大学生朝气蓬勃、心情愉快，就会调动其智力活动的积极性，易于在大脑皮层形成优势兴奋中心，形成新的暂时神经联系，并且使原有的暂时神经联系复活，进而促进智力的发展；反之，若是在烦恼、焦躁、担心、忧虑、惧怕等情绪状态下学习，则会压抑智力活动的积极性和主动性，使感知、记忆、思维、想象等认知机能受到压抑和阻碍而变得迟钝。

那些被感情等问题搞得忧心忡忡致使成绩一落千丈、因控制不住自己的情绪冲动而违法违纪、因缺乏学习动机而厌学的大学生，其归因都表明了心理是人一切活动的根本。

（五）心理健康教育对于建设社会主义精神文明有着重要的意义

心理健康教育不仅对个体有意义，而且对群体也有不可忽视的作用。加强大学生心理健康教育有助于帮助大学生克服其消极心理状态，缓解人际冲突，改善交往环境；有助于帮助大学生塑造良好的形象，发展健全的品格，提高大学生的道德水平；有助于帮助大学生提高积极性和创造力，从而有助于更好地投身社会主义现代化建设。

第三节　大学生心理健康教育的意义与途径

一、大学生开展心理健康教育的意义

（一）社会发展的需要

21世纪对人才的心理素质提出了更高的要求，要想在21世纪取得成功，不仅要有良好的思想道德素质和科学文化素质，更要有创新精神、进取态度、竞争意识、应变能力、沟通技巧、充分的自信、积极的思维、乐观的态度、健康的情绪、成熟的人格等。因此，如果人们要想在未来的社会中生存和发展，拥有良好的心理素质是必备条件。

大学生是承载着社会、家庭、自身高期望值的一个特殊群体，他们将直接影响到社会的进步和发展。高校是为社会培养符合社会发展需要的高素质人才的场所，社会的发展需要更多具有良好的思想道德素质、科学文化素质、专业技能素质、身体素质、心理素质的人才。

（二）适应全面推进素质教育的需要

全面推进素质教育是从我国社会主义事业兴旺发达和中华民族伟大复兴的大局出发做出的重大决策，高校作为培养社会主义建设者和接班人的重要阵地，全面推进素质教育是其必然的工作目标。

所谓素质教育是依据人的发展和社会发展的实际需要，以全面提高全体学生的基本素质为根本目的，以尊重学生主体和主动精神、注重开发人的智慧潜能、注重形成人的健全人格为根本特性的教育。

"素质"是从心理学界定的一个概念。心理学认为，素质是指人的身体和心理发展的客观基础。人的发展是从量的积累到质的变化的过程。每一个新"质"的出现，都为下一个阶段的发展奠定了一定的基础，进而促成其在新的水平上生长。人的可教育性，就是在不断提高基础水平的变化中体现出来的。

个体的素质结构，主要包括生理和心理两大基本要素，无论是古希腊时期的"身心既美且善"，还是现代社会提出的"个体和谐发展"，无不认为个体素质结构包含身、心两个基本方面。

生理素质主要指人的身体发育、机能成熟和体质体力的增强。心理素质则指人的认识、情感、意志及人格的发展与完善。

心理素质教育是指有目的、有计划地对受教育者的心理施加影响，使其提高心理健康水平，全面发展自身人格，注重学生潜能的开发和各种优秀心理品质的培养和发展，同时预防其各种异常心理和心理问题的产生。

近年来，我国大学生心理健康教育工作得到了持续推进和加强。但是，还应该看到，我国大学生心理健康教育工作还远远不能适应新形势的发展，特别是还不能满足全面推进素质教育的需要，还存在着在新形势下对大学生心理健康教育的任务、对象、特点和规律认识不高、研究不深等问题，尤其还存在着对心理健康认识不到位的情况，还远远没有把这项工作放到其应有的位置上。因此，我们要通过对大学生开展心理健康教育活动，帮助大学生提高对心理素质在人的整体素质中作用的认识，帮助大学生正确处理好心理素质与其他素质的关系，帮助大学生了解和掌握心理健康知识，帮助大学生优化人格品质、增强心理调适能力和社会适应能力，为大学生全面发展创造相应的条件。

（三）自我发展的需要

开展心理健康教育是大学生自我发展的需要，大学生要想成为出类拔萃的人才，不仅要有良好的身体，还要有健康的心理。

大学生正处在迅速走向成熟但又未完全成熟的过渡时期，在这一时期，各种心理活动异常活跃，同时也充满了矛盾与困惑。在这一年龄阶段，大学生的自我调节能力还不完善，当面临新的环境、学习压力、人际关系等一系列问题的时候，常常会因为遇到挫折、困扰而引起自身情绪波动。大多数学生在面临这些问题或冲突时，通过求助朋友、老师和家长或者看书运动等及时地进行自我调整从而保持健康的心理状态，能愉快地进行生活、学习、交往。但是，也有一小部分学生无法依靠自身力量调节和改善这种状况，久而久之，就会发展成不同程度的心理困惑甚至心理疾病，以致影响正常的学习和生活。开展心理健康教育，可以使那些心理健康的学生尽快地缩短适应期，提高学习、生活的幸福感；也可以使有心理障碍的学生及时得到帮助，尽快恢复到健康的心理状态。

二、大学生心理健康教育的具体途径

（一）努力学习科学理论，树立科学的人生观和世界观

努力学习科学理论，牢固树立科学的世界观是开展大学生心理健康教育的核心内容。从社会心理学角度看，人生观是人们心理现象的最高层次，人生观对心理结构具有优化作用。人生观作为一种观念形态，它一经形成，就对人的思想起着巨大的反作用，对人的需要、动机、理想、信念及其对待现实的态度都将产生重大的影响和制约。有了正确的人生观和世界观，那么这个人就能正确地认识和理解世界，并能采取恰当的态度和行为反应，能使人站得高、看得远，并正确地体察和分析客观事物，冷静而稳妥地处理事情，同时也能做到胸怀开阔，保持乐观主义精神，提高对心理冲突和挫折的耐受能力，从而防止心理障碍发生，有利于保持自身心理健康。

（二）积极提高文化素质，塑造健康人格

对于大学生来说，提高综合文化素质，不仅是帮助大学生形成良好思想道德和专业素质的重要基础，也是帮助大学生开阔视

野、活跃思维、升华人格、陶冶情操的必要条件。大学生通过综合文化素质的提高，可以形成正确的自我意识，有效地克服自卑或自傲的偏执心理，保持一种豁达的心理状态，形成健康的自尊、自信的心理品质和自律、自立、自强的良好人格。

提高大学生的综合文化素质应以教育为前提，首先是要加强对大学生的文化素质教育，把加强文化素质教育贯穿于大学教育的整个过程，实现教育的整体优化，最终达到教书育人的目的。要切实抓好课程教育，开设提高文化素质的必修课和选修课。对理工科学生来说，应重点开设文学、历史、哲学、艺术等人文社会科学的课程；对文科学生来说，应适当开设自然科学课程。所有开设的课程要在传授知识的基础上侧重大学生人文素质和科学素质的养成和提高。

还应该帮助、组织大学生开展各种形式的社会实践活动，有计划地组织大学生去参观、访谈、做社会调查、参与社会服务工作等，引导学生投身社会、投身实践，在实践中提高自身的修养。

（三）不断优化校园环境，营造健康氛围

加强校园文化建设，通过各种课外活动以及可以利用的手段，

营造积极、健康、高雅的氛围，使大学生从中受到熏陶，进而促进个体的和谐发展。共青团、学生会等组织可以开展演讲、辩论、知识竞赛、体育比赛等活动，使学生的思维能力、语言表达能力、合作意识、意志品质等心理素质得到相应的提高和发展。通过"5·25"大学生心理健康宣传日、学校广播、电视、网络、校刊、校报、橱窗、板报等广泛宣传、普及心理健康知识，使学生能够时常接触到心理健康教育，积极、主动、自觉地提高心理健康水平。

（四）积极创造有利条件，健全教育网络

大学生心理健康教育工作是一项系统工程。要积极创造条件，建立以课堂教学和课外教育指导为主要渠道和基本环节，课内与课外、教育与指导、咨询与自助紧密结合的心理健康教育网络体系，确保大学生可以受到系统的心理健康方面的教育和指导。

1. 建立心理健康教育咨询中心

学校要成立大学生心理健康教育咨询中心，负责大学生心理健康教育工作的整体规划、组织协调和运行工作；负责全校学生心理健康教育和相关的心理学科公共选修课教学大纲以及各种规章制度的制定，负责教学计划、授课任务的制订；开展心理普查

活动，建立心理档案，进行团体训练、个体咨询、心理危机干预等工作。

2.开设心理健康教育系列课程

构建合理的心理健康教育体系，充分发挥课堂教学在大学生心理健康教育工作中的主渠道作用，通过课堂教学向广大学生传授心理健康知识和心理调适方法，培养学生适应社会生活的能力并养成良好的人格品质。在此基础上，开设公共选修课，着重帮助大学生培养良好的心理品质，提高心理调适能力和社会适应能力，培养综合素质，如社会心理学、交往心理、学习心理、成功心理等。针对不同年级学生关注的共性问题，可以开设系列专题讲座。

3.建设专兼结合的师资队伍

大学生心理健康教育工作是一项专业性很强的工作，对工作人员的专业素质要求较高，因此，培养一支专业化骨干教师队伍是做好大学生心理健康教育工作的关键。高校要按学生比例配备专职及兼职教师，并加强培训，保证专职和兼职教师每年的专业培训不低于40个学时，或至少参加2次省级以上主管部门及二级以上心理专业学术团体召开的学术会议，适时安排从事心理咨询行业的教师接受专业督导，使他们不断提高理论水平，丰富专业知识，积累教育经验。

4.建立大学生心理健康教育工作网络

大学生的心理问题具有不同的层次，从一般的适应问题到严重的心理障碍或精神疾病都可能存在，因此，帮助大学生解决心理问题要建立一个分层次的工作网络。

第一级工作网络：在每一个教学班选一名对心理学感兴趣、有热情、愿意帮助同学的学生作为心理委员，通过培训，他们就对心理健康知识有了基本的了解，能掌握一定的心理辅导方法和技能。心理委员易于与同学沟通，并容易发现同学之间的各种问题，特别是危急事件。

第二级工作网络：重视发挥学生干部在心理健康教育工作中的作用。学生干部与学生交流频繁，他们了解或者熟悉同学的人格特点、家庭状况、学习情况以及人际关系状况等，因此，在大学生心理健康教育工作中担任着重要角色。他们经过一定的心理咨询培训，再根据自身丰富的思想教育工作经验，对于学生面临的一般性心理问题和发展性问题，在日常思想教育过程中就能予以关注。对于有较为严重的心理问题的学生，他们可以将其介绍到心理健康教育咨询中心，再由专业的心理咨询人员来处理。

第三级工作网络：发挥心理健康教育咨询中心专业人员的专业优势，解决学生存在的较为严重的心理问题。

学生心理委员、学生干部和心理健康教育咨询中心专业人员三级工作网络的建立，为更好地落实大学生心理健康教育工作提供了有力保障。

5. 进一步做好大学生心理普查工作

通过科学的方法和手段，将可能存在心理问题的学生有效地筛查出来，并根据其严重程度进行分类，对问题较为严重的学生进行密切关注和帮助，实现对大学生心理问题的及时发现、早期干预和有效控制的目的，提高大学生心理健康教育工作的针对性。通过开展大规模的心理普查，可以有效地扩大大学生心理健康教育工作在学生中的影响，同时为制订大学生心理健康教育计划和建立大学生心理档案提供有力支持，形成筛查、干预、跟踪、控制一体化的工作机制，切实做好问题学生的后期支持工作。

6. 开展有效的心理辅导和心理咨询工作

心理辅导和心理咨询是大学生心理健康教育中必不可少的辅

助性工作。心理素质教育面向全体学生，而心理辅导和心理咨询则是有重点地对少数有心理困惑或心理问题的学生进行帮助的一项工作。心理健康教育工作者可充分利用咨询室、心理信箱、心理热线、网络等途径进行心理辅导，及时解决学生的心理困惑。

7.心理健康教育要贯穿学校教育的全过程

把心理健康教育与学校的德育工作、教学及日常管理工作有机结合起来，通过各项工作去渗透心理健康教育。辅导员、班主任、任课教师和党政工团干部要有加强学生心理健康教育的明确意识，能够基本掌握有关心理辅导的理论和方法，在日常思想政治教育工作及日常的教育和管理工作中，能将学生的心理问题与思想问题区分开，及时、主动地与学校从事心理健康教育工作的教师合作，给予学生及时的辅导和帮助。学校医疗保健机构应与学校心理健康机构相结合，为学生开展心理健康教育和咨询服务。共青团、学生会和其他学生社团还可以举办丰富多彩的活动，以便更好地提高学生心理健康水平。

第四节 大学生存在的心理问题及应对策略

一、大学生常见的心理问题

大学生处于青年期，其心理发展水平正处在迅速走向成熟而尚未完全成熟的过渡阶段。他们一般保留着少年时期的心理特征，如独立性不够，对家长有较强的依赖心理；对社会了解有限，过于理想化；对自我认识不清，难以定位；遇到生活环境的变化、交际圈的更新、学习内容和方式的改变，往往容易出现一系列情绪冲突，这些冲突如果得不到及时调整，则可能引发一些心理问题。大学生最常见的心理问题来自以下六个方面。

（一）入学适应问题

离开原先所熟悉的环境，来到一个陌生的校园，生活环境、生活方式、学习内容、人际交往形式等都与之前有很大不同，在这种情况下，一些大学生会产生强烈的内心冲突，若不能从心理上很好地适应，则会出现不安、紧张等情绪。个别独立性差、自理能力欠缺的学生，心理反应更加明显。

（二）人际交往问题

大学的人际交往更为复杂，独立性更强，更具有社会性。大学生需要尝试进行人际交往，并学会建立良好的人际关系。然而一些大学生适应能力较差，缺乏妥善处理人际关系的基本能力，在人际交往中总感到不适应、不自然，表现为十分被动或无所适从。个别大学生习惯以自我为中心，不考虑别人的感受，不愿因集体的需要而有所改变；有的在人际交往中功利性过强，总想在群体中获取利益、得到好处；有的对他人的一些个性行为"看不惯"，不愿与其交往，彼此之间便发生矛盾，很容易导致冲突并引发事端；还有的整日沉溺于网络世界，宁愿每天面对电脑，也不想与人打交道，心理和行为越来越孤僻。

（三）学习问题

对于大学新生而言，学习不适应的现象较为普遍。大学的学习与高中的学习有很大不同，教学内容泛化，学习方法由监督学习变为自主学习，授课方式由多讲解到少讲解、多讨论，学习任务由考大学到掌握技能。面对这些变化，有些学生感到无所适从，学习方法不对且学习动力不足，迷失学习目标，于是，不知为何而学成为普遍现象，这些都可能导致他们的学习成绩严重下滑，也不能很好地去面对学习上的挫折，最终也就容易产生心理问题。

（四）自我意识问题

进入大学，学生认为自己已经长大了，开始注重自我探索。他们希望能尽快掌握一技之长，以适应社会。然而由于大学生还是以学习间接经验为主，身处校园，缺乏社会实践，阅历较浅，他们实际所具备的能力与期待的水平还有一定的差距，就会产生多种冲突。

（五）情绪障碍问题

一个人如果长期处于消极或激烈的情绪状态下，如烦恼、冷漠、焦虑、抑郁、暴躁等，就会造成情绪障碍。在这种情况下，正常的心理和生理活动都会受到影响，出现很多异常的心理和行为，若不及时采取各种调节措施，可能会导致严重后果。

（六）职业生涯规划与就业问题

社会的发展和就业压力增大使所有面临毕业的大学生都要接受社会的选择。就业岗位要求日益提高，相当数量的大学生缺乏足够且必要的就业心理准备。有的学生缺少必要的职业生涯规划，在学校学习过程中缺少目标、没有方向、感觉迷茫，甚至在入学时就出现了严重的就业心理压力，表现为无法有序地进行大学后期的学习，整日忧心忡忡、情绪低落，出现严重的心理焦虑和身体不适，心理承受能力越发脆弱。如果不及时排解、调适，往往会心理崩溃，造成消极、负面的后果。

二、大学生出现心理问题的原因

（一）社会大环境的影响

社会大环境是导致大学生出现心理问题的首要原因。当前社会经济制度发生巨大变革，也给大学生带来巨大的心理压力。对大学生来说，社会、家庭在他们身上寄托了很高的期望，同时这种高期望也给他们带来了巨大的压力。

（二）不良的家庭、学校环境的影响

我们的家庭教育中仍存在着诸多不利于孩子健康成长的因素。其一，应试教育使"望子成龙"或"望女成凤"成为许多家长期望值的代名词。家长的期望值过高或过低，对孩子的健康成长都是不利的。其二，家庭的贫困、变故，家庭关系的不和谐与家庭的不完整等因素，都会在一定程度上影响大学生健康心理。此外，大学里一些不健康的校园文化，尤其是网络文化的表面化、庸俗化、虚拟化，也对大学生的心理产生了一些不良影响。

（三）个体因素的影响

不良的个性是个体产生心理问题的根本原因。个性在很大程度上决定了个体的心理承受能力，也决定着个体为人处世的方式，即决定了个体的思维与行为方式。因此，它影响着个体的心理健康。某些大学生不能进行正确的自我评价，也未能合理地进行自我选择，甚至无法正常地与他人进行交往，因而产生了这样或那样的心理问题。概括而言，引发大学生心理问题的个体因素主要包括遗传、身体健康状况、先天神经系统、人格和心理素质等。

三、大学生心理问题的应对策略

大学生处于美好的青春年华，有着得天独厚的优越条件，大学生活应是人生旅途中最绚丽的一章。然而，大学时代也是各种心理问题和心理疾病的高发期。那么，大学生该如何有效应对和及时排解心理问题？

（一）进行有效的自我调节

1. 学会建立积极心态

遇到心理问题时，记住第一个求助对象永远是自己，自我调节也是应对心理问题的基本方式。在进行自我调节时，最重要的是学会建立积极的心态。积极的心态会带来积极的结果。保持积极的心态，就可以控制环境，反之环境将会控制你。

要想拥有积极的心态，就要学会积极地思考问题。人的视觉和思维都是有盲点的，有时只能看见消极的一面，这时我们就要像调电台的旋钮一样把它调到积极的位置。

2. 发展良好的兴趣和爱好

有人说，兴趣是最好的老师；也有人说，只要是喜欢的事，做一天好像才过了一个小时,不感兴趣的事,做一个小时像过了一天。爱好,可以帮我们调节紧张情绪,缓解各种压力,增添欢乐,甚至可以助我们陶冶性情、脱离低俗、提升修养。

大学有丰富的资源,比如各种社团活动和兴趣爱好小组,大学生也能自由安排自己的课余时间,这些都为学生发展各种兴趣爱好提供了充分而便利的条件。在课余时间,大学生可以走进大自然;可以笑傲运动场,在竞技中尽情挥洒汗水;可以投身书海,在淡泊人生中诗意栖居;还可以寄情音乐,享受天籁之音带来的美好等。

3. 调整自己的抱负水平

每个人都在追求一定的目标,否则就会失去前进的动力,这种对自己所要达到目标而规定的标准,就是抱负。自我抱负水平是自定的标准,可高可低,仅仅是个人愿望,与个人的实际成就不一定相符。一般来说,自我抱负水平会直接影响个人的学习和生活。一个抱负水平较高的人,往往对自己的要求也较高,因而其学习、工作的效率也就较高;一个抱负水平低的人,对自己的要求也就低,自身缺乏积极性、主动性,因而其学习、工作的效果也就较差。但是，如果一个人的自我抱负水平总是高于自己的实际能力，那就很难达到预期的目标，很容易遭受挫折。因此，个人的自我抱负水平必须建立在对自己实际能力正确认知的基础之上。

（二）发展良好的人际关系

古往今来，友谊一直是人们津津乐道的话题。可见真诚的友谊，不仅会使人们的生活充满欢乐，还能增强战胜困难的勇气，获得蓬勃向上的力量。因此人们会由衷地祝福：愿友谊地久天长！

人类的心理适应最主要的就是对人际关系的适应。所以，人类的心理病态主要是由人际关系的失调导致的。这句话对大学生来说再贴切不过了。大学生渴望友谊，希望通过人际交往来丰富人生知识、了解生活、交流情感、学会处世、确立自我，从而获得自尊、自信和心理安全感。因此，良好的人际关系能使人获得安全感和归属感，得到理解和支持，给人精神上的愉悦和满足，促进身心健康发展。

（三）寻求心理咨询帮助

通常来说，自我调节只适用于程度并不严重的心理问题，若心理困扰不能通过自身和朋友间的倾诉进行调节，那就需要寻求专业的心理咨询的帮助了。心理咨询作为一种新生事物已经逐渐被大众接受和认可，它是一种咨询与辅导，不同于传统意义上的做思想政治工作、说教、劝导、指导等，它是一种专业的、正式的、效果更良好的方式。

四、心理问题的各种误区

（一）心理障碍是因为自己在生活中犯了错

心理障碍往往是生理、社会、心理等因素共同作用的结果，与个人日常生活中的应对方式、情绪管理水平以及心理调节意识等有关，与个人的道德品质无关。有时候个人无意识的自我保护，是对生活压力的一种适应，只不过是一种不健康的适应方式。有了心理障碍之后不能自怨自艾，要进行自我调节，学习健康的应对方式，必要时还可以寻求专业人士的帮助，提升自身心理健康水平。心理咨询工作人员从不会认为当事人犯了错，也不对会当事人进行批评教育，更不会进行道德上的评判。

（二）求助心理咨询很丢人

认为心理咨询很丢人、不体面，这些往往是因为我们缺乏对心理咨询的正确认识，缺乏正确的求助意识。有人以为只有严重的精神疾病才需要求助于心理咨询。事实上，严重的精神疾病只占心理咨询求助人数的一小部分，而且通常他们更适合进行药物治疗，不适合心理咨询。心理咨询更多的是面向有社会适应困难、心理调节困难的，处于亚健康状态下的人。如果生活应对问题、适应方式问题及其他心理调节问题没有及时解决，时间一长反而容易积忧成疾，演变为程度更重、治疗更为困难的精神疾病。

（三）家人不支持自己去进行心理咨询

当事人有心理问题时，家人非但不能理解和支持他去自我求助，有时甚至会埋怨说是没事找事，无事生非，或者说是为了偷懒或逃避现实，这会使当事人受到更大的伤害。这也是因为家人不具备心理健康知识，缺乏心理健康意识，也可能是因为家庭内部形成了稳定的互动模式，导致了当事人出现问题，当事人的求助和改变，往往会打破家庭已经形成的互动模式，因而遭到家人的阻拦。无论哪一种情况都需要耐心沟通，直面问题、解决问题才是当务之急。

（四）心理咨询会透漏个人隐私

心理咨询不可避免地会涉及个人的经历、感受，这些都是个人的隐私话题，也可能正是我们的问题所在。事实上，就心理问题求助于心理咨询医生并不意味着有什么不正常或见不得人，相反，这表明了个人具有较高的生活目标，希望通过心理咨询更好地完善自我。专业的心理咨询往往具有安全的氛围，当事人可以卸下生活中沉重的面具，坦诚地面对自己的内心，这其实就是咨询和治疗的一部分。在求助过程中，个人把自己包裹得越严实，从中的收益就越少。一方面，专业的咨询师会与当事人共同营造安全氛围，会为当事人的言行保密。另一方面，寻求帮助的当事人可以自己掌控对话的节奏和进度，如果你觉得没有准备好，或者觉得与目前情况无关，可以拒绝讨论相关话题，心理咨询师会尊重个人的选择。

（五）求助于心理咨询的都是弱者

现实生活中自我感觉良好或者自我效能感强的人，在遇到心理问题时很少会选择向他人求助。但是我们更认同这样的理念：能够意识到自己的局限，积极向外界学习的人，才能适应现代社会的竞争。一方面，前来求助的人并非弱者，恰恰相反，他们是意识到自己的局限，愿意借另外一面镜子照自己，希望用求助的方式提高自己的生活质量。另一方面，即使是强者，如果遭遇了心理问题，也需要向外求助以解决问题。强者应该是善于利用各种资源，帮助自己解决问题，而不是自大自欺，故步自封。否则当自己真的需要时，反而会因为自己一向不愿求助，觉得没有人可以帮助自己，而产生较强的无助感。

（六）心理咨询就是聊天

心理咨询主要是言语交流的过程，和一般聊天不同，和常见的声讯台、信息台、电台的谈心节目也不同。虽然这些聊天方式也能给人以帮助，但它们的性质与方法并不相同。心理咨询是运用心理学的方法，还有社会学、医学等方面的知识，有严格科学的理论体系和操作规程，从而达到解决心理问题的目的，促进人格的发展。这完全不同于普通朋友的聊天、亲友带有立场的劝解安慰，以及其他说服、劝导、激励、教育工作等。

（七）心理咨询应该立竿见影

很多人希望心理咨询能够做到药到病除，立竿见影，一次咨询就能解除自己的心理障碍。这种情况不是不可能发生，只不过容易受到太多因素的影响，比如，当事人心理问题的性质和程度、对咨询的期望、自己的领悟能力以及咨询师的水平等。有时不是因为咨询师做了什么，而是在特定的环境下，当事人从咨询师这面镜子里突然领悟到什么，直接导致问题的解决。通常情况下，咨询需要一个较长的过程。即使是短程的心理治疗也需要数次。这是由心理咨询与治疗的方法和性质决定的。

（八）心理咨询师应该帮我做出决定

当事人有时强烈地希望咨询师帮助自己或者代替自己做出各种决定，这恰恰是专业的心理咨询应该避免的。因为生活方式的自主选择权只属于当事人自己，咨询师不可以剥夺这种权力，哪怕是当事人授意的。心理咨询师应帮助当事人发现自身的潜力，自主应对生活压力，独立做出决定。专业的咨询师可能会视情况的不同提供支持性或者生活指导性的建议，但不会提供生活选择性的、个人倾向性的建议，更不会替你做出决定。

(九) 我想去但找不到合适的咨询师

相对而言，找到一个适合自己的心理咨询师不是一件容易的事。如果你觉得咨询师不适合自己，可以选择一个问题与他进行讨论。有时候是我们自己对咨询的认识存在局限，导致对心理咨询的期望过高，超出心理咨询的范畴。若是咨询师本身的局限，则可以提出中止或转介。如果自己遭遇心理障碍，只要不放弃，就一定能够找到适合自己的办法，以及能够帮助自己的人。

(十) 心理障碍的药物治疗容易形成依赖或产生副作用

心理障碍的药物都是由精神专科医院或综合性医院精神科专业医生开具。不同病症适合采用不同的药物进行治疗，药物维持治疗的时间长短不同；不同时段药物剂量不同，因个人体质差异，药物的作用和效果也不同。个别人可能对药物敏感，容易出现不同程度的肠胃反应或嗜睡现象，一般情况下身体会较快适应。由此担心药物的副作用，形成药物依赖，其实没有必要，相比心理障碍对个体的生活质量及生命安全的影响与威胁而言，药物的副作用微不足道。在心理障碍需要药物治疗的时候应该坚持就医，遵医嘱服药，切不可擅自停药。尤其是重度抑郁症、躁郁症、精神分裂症等病症的治疗，药物治疗是主要的，而且发现得越早，治疗的效果越好。

（十一）心理疾病不需要住院治疗

我国在心理卫生知识方面的普及程度远远不够，社会大众对精神卫生知识特别是对精神疾病的防治存在各种错误的认识。不少人对精神心理疾病的住院治疗缺乏理解和了解。一般情况下，大多数心理障碍的治疗并不需要住院，单纯的心理咨询与治疗或者配合一定的门诊药物治疗即可有较好的效果。

第二章 大学生心理健康教育特性分析

大学生心理健康教育课程不同于其他课程，这门课程的教学设计灵活多样，教师可以根据对学生的心理发展特点的认识，自主地确定教学重点，采取灵活多样的教学形式，如课堂讲授、案例分析、情景模拟、角色扮演等。教学过程具有开放性和实践性，强调学生在课堂教学及日常生活中的主动性和参与性。教学效果强调个人的体验和成长，通过教学活动使学生得到新的领悟，掌握心理调适技能，获得进一步成长。

第一节 心理健康教育课的体验性

一、体验是学生心理素质形成和发展的核心

体验是指外界事物、情景所引起的自己内心的感受或亲身的

经历。通过亲身经历学习做人做事的道理，并转化为自身的行为习惯。体验是学生心理素质形成和发展的核心，它是由感受、情感、理解、联想、领悟等诸多心理要素构成的。体验具有以下特征：其一，情感性，即对某物有体验，并随之对其产生某种情感。情感是体验的核心，没有情感，活动主体就不会对活动保持积极的态度，不会全身心地投入到活动中去，也不可能产生"主客融合"的效果。其二，意义性，即主体对某物有深刻的体验，必然会理解到它在主体心目中的独特意义，或者形成某种联想、领悟。体验是一种产生情感且生成意义的活动。其三，主体性，即亲历性，是指体验者亲身参与活动，并用自己已有的经历和心理结构去理解、去感受、去建构，从而生成自己对事物的独特情感。

体验性是学校心理健康教育课程的基本特征。心理健康教育课程能否取得实效以及取得多大实效，在很大程度上取决于主体是否产生真实的体验以及体验的程度。体验是情境陶冶与内心感悟的有机融合，是基于经验和直觉的内在提升。体验不是获取答案的手段，体验过程本身就蕴含答案。心理健康教育课程将体验作为心理建构的桥梁，关键是因为它能激发学生心理的内在机制，促成心灵的成长。体验指向的不是活动结果,而是活动过程。据此,心理健康教育课程要坚持以学生为主体,以活动为轴心,借助活动来丰富学生的心理体验。心理健康教育课程只有让学生经历内在的心理历程并使学生在情感交流和思维碰撞中产生深刻的情绪与情感体验,才能促进学生心理品质和心理能力的发展。

在心理健康教育课的活动体系及学生心理素质形成和发展中,体验均处于核心的地位。这一核心地位我们可以从以下两个方面理解:

从功能上看,体验是学生心理素质形成和发展的核心。人的心理形成和发展过程是由外部向内部的转化过程,即主体将外在的东西纳入自己的心理结构之中的过程。在这一过程中,体验起着极为重要的作用。没有主体对客体的体验,客体就不可能被内化。体验是内化发生的前提条件,体验的过程就是内化和发展的过程。所以,我们认为心理健康教育是一种体验教育。

从心理健康教育课活动体系三个要素的关系上看,作为心理健康教育课学生活动体系的三要素之一,体验处于核心地位,是学生活动体系的中间环节。没有体验,活动中蕴含的东西就无法内化到学生的心理结构中去，我们设计的活动就会流于形式，心理健康教育课的目标也就无法达到。没有体验特别是没有情感体验，学生就难以采取积极的态度，全身心地投入到活动中去，也就不会把自己的内心与体验之物融合在一起。

二、如何促进心理健康教育过程中的体验

心理健康教育课中，心理学知识的讲授并不难，真正难的是把理论知识贯彻到学生的实际行动中去，这其中关键在于教师是否注意学生"内心体验"这个环节，它是提高学生心理素质的重要阶梯。"团体活动"可以大有作为，这是一个把认知、体验、合作、分享有机地联系在一起的体验式教学过程。在此环节中，教师借鉴团体辅导的某些技术如脑力激荡、角色扮演、行为训练、绘画、游戏等，让学生亲身参与活动，积极互动，给学生体验和感悟的空间，培养学生积极、健康的心态，并催生与其他同学分享的情感和欲望，从而促进学生高级心理能力的形成和发展。大学生有着共同的发展任务，有强烈的自我发展愿望，具有自我教育的能力，并愿意与同龄人分享自己的经验。具体可以从以下方面展开。

1. 在合作中体验

当代教学改革倡导三种学习方式：自主、合作、探究。学生通过更多地沟通和交流，可以增强合作和互助的能力，刺激学生思维的积极性，便于集思广益，能够较大地提高教学效益。在心理健康教育课程中，师生共同营造尽可能真实的情境，在团体的活动中获得具体的经验，并促使学生对此进行观察和思考，从而既形成抽象化的概念和普遍性的结论，又能够对自我进行恰当的认识和接纳，进而将习得的观念运用于真实的世界，发展新的态度和行为方式。

2. 在情境中体验

在心理健康教育课课堂上，教师通过预先计划好的教学活动，介绍相关专题涉及的心理学知识。创设一种符合教学目标、能够激发学生课堂兴趣的课堂情景，进一步对学生提出问题，引入该节课的教学主题，并使学生了解该课堂教学主题方面的情况。该环节的作用主要是激发学生对课堂的兴趣，引出学生存在的问题，并使学生了解自己的情况，更清晰地认识自己、了解自己。心理学认为：情绪情感直接影响到人们认识活动的方式方法，影响着人们的动机决策和人际关系的处理。在教学情境中，教师通过引导学生对教学情境的体验，调动学生相应的情绪情感，激发个体的主观能动性，引起学生身心和活动的变化，从而达到通过体验获得相应的认识和情感的教学目的。没有学生相应的情绪情感参与的教学不是真正意义上的教学。

3.在分享中体验

心理健康课的分享环节，团体成员围坐在一起，开展各种各样的"团体"活动，即心理素质训练活动。活动结束之后，教师和学生可自主互诉心声，分享经历，讨论遇到的难题及可行的解决方法，增强处理问题的能力。在这个教学环节中，每个成员都体验着自己的曾经的经历，同时在细心倾听他人分享的时候也能够体验到其他成员所经历的感受，在一定程度上可以预防心理问题发生或减少心理问题发生。

4.在感悟中体验

在该环节中，教师针对心理活动课具体的教学内容，让学生联系实际，反思自我，对自身的问题有更清醒的认识，积极调整对自我的认识，达到解决问题的目的。还要积极地发挥自我潜能，举一反三，在各种各样的挫折与困难面前意志顽强、坚韧不拔。

5. 在反思中体验

这是课堂的最后一个环节。这个环节主要是利用心理暗示的作用和效果，教师给学生布置一些与该节课堂教学内容联系密切的好电影、文章、诗句、漫画等，让学生观赏和阅读，对学生进行积极的心理暗示，进一步强化学生的学习积极性，达到自主学习的目的。课堂上，教师在"分享"和"感悟"环节都要注意引导学生。在"分享"环节中，开展的是各种各样的心理训练活动，这些活动会不会流于形式，是不是为做活动而活动，就要看教师是否帮助学生去"感悟"。活动是教学的一种手段，而不是教学的目的。目的是活动之后引发学生感受和讨论，让学生学会开拓思维，开启心灵与心灵的对话，触动学生的内心，使学生形成稳固的知识内化，再自觉外化为行为。

第二节 心理健康教育课的学生主体性

一、心理健康教育与"学生本位"

"学生本位课程"是熔学科课程与"活动课程"于一炉的新型课程,它体现了当代建构主义教育思想的基本理念,也体现了课程的丰富内涵,即课程是为学生的全面发展而提供的一切经验。它既包括各门学科的系统知识,也涵盖教育活动所提供的满足学生需要和兴趣的课程素材,还可以包含学生课外和校外的直接经验。"学生本位课程"以学科为基础但又不囿于学科的限制,高度重视学生已有的经验和知识在知识建构中的作用,充分利用课程实践中师生之间和学生之间的互动与交往所生成的课程素材。"学生本位课程"也超越了"个人本位"课程和"社会本位"课程的对立,因为这里所指的"学生"是个体也是集体,而适应其全面发展的课程当然也是适应当代社会发展所需要的,并且是面向未来的。心理健康教育课程从这一点出发，在心理健康教育课程的制定上十分重视学生本位的观点。

现代教育要求坚持主体教育观和个性发展观，心理健康教育站在学生的立场上，把学生作为教育主体，把促进学生的个性发展作为目标，从这一意义上看，心理健康教育课是一门以学生为主体的学生本位的课程。

学校心理健康教育课程的实施过程是教师促进学生主动建构心理的过程。在此过程中，教师的作用是为学生理解和建构心理知识搭建"脚手架"。因此，课程实施必须从学生已有的经验出发，通过创设一定的情境、开展小组合作活动，促进学生原有经验发生转化并形成新的理解。学生是学校心理健康教育课程的中心，学校心理健康教育课程必须充分凸显学生的主动性，使课程成为学生自主建构心理的实践活动过程。要实现心理健康教育课的学生本位，必须充分发挥学生主体性的作用，在课程中尊重学生的主体地位，让学生成为心理健康教育活动中的"主角"。

二、心理健康教育课重视学生主体性的原因

主体心理获得健康发展是心理健康教育的目标。心理健康教育的目标是遵循学生心理发展规律，为学生完成从"生物人"到"社会人"的转化提供积极的帮助，并不断地启发学生的心理力量，激发学生的潜能，引导和激励学生了解自我、改善自我、建设自我，不断地提高心理素质，进而成为适应社会、受社会欢迎的人。心理健康教育课在实践中致力于启发、帮助、引导、激励学生，是为了使学生真正做到认识自我、完善自我，从而提高心理素质，成为身心健康发展的人。

心理健康教育通过课堂教学，在教育的整个过程中，充分以学生为主体。心理健康教育过程中的教育者对学生存在的诸多问题不是简单地作出判断和结论，也不是将个人的主观愿望直接变为对学生的要求和愿望，而是真心诚意地与学生相互沟通，让学生坦诚地亮出自己的内心世界，并逐步引导他们进行自我分析、自我判断，在此基础上，教育者再进一步提出建议，让学生独立思考后根据个人实际情况采纳有关建议，并转化为行动。因此，在心理教育的整个过程中，学生是心理发展的主体，是主动者，

而不是被动者。若没有学生的自我分析、自我思考、自我选择，光有教育者的积极、主动、热情、真诚是不能转化为个体自身行动的。主体的变化和发展是心理健康教育效果的最终体现。检验心理健康教育效果的最终标志是主体的变化和发展，而不是其他任何方面。在心理健康教育过程中，若学生能主动积极地投入并克服自身的各种不良情绪和心理偏差，提高自己的心理品质和心理素质，就说明心理健康教育已取得了良好的效果；反之，心理健康教育对学生的帮助、触动不大，学生的不良情绪和心理偏差仍没有得到克服和矫治，就说明心理健康教育并没有达到预期的效果。学生是意识活动的主体，也是整个教育活动过程的主体。心理健康教育课程目标是预防或减少学生的心理问题的发生，引导和促进学生心理健康的发展，与其他传授系统知识的科目极不相同，因此，以学生为主体的原则在心理教育活动课中尤为重要。

三、如何发挥心理健康教育课学生主体性

1. 树立正确的学生主体观

心理健康教育授课者要始终保持这样一种观念：学生绝不是被动的知识接受者，而是主动的积极参与者。每个学生都有无尽

的潜能，有改变自我、完善自我、发展自我的能力，也有参与教育活动的积极性。在教育过程中，教育者的作用主要体现在为学生提供可选择的方法，鼓励他们去选择、去思考、去实践。

2. 以积极的眼光看待每一位学生

心理健康教育课能否取得预期的目标，关键在于学生是否积极主动地参与其中，学生不主动参与，心理健康教育课是无法顺利进行的。因为个体存在差异，在心理健康教育课的活动中，难免会有同学存在着自卑、退缩甚至是抗拒等心理。面对这种情况，教育者不应沮丧、放弃，而是要用积极的眼光去看待每一位学生，捕捉每一位学生身上的闪光点，挖掘每一位学生的潜能。

3. 教育内容要符合学生的心理发展需要

要让学生对我们所进行的心理健康教育活动有所反应，首先应考虑的问题应该是如何去激发学生内心深处的需要。因为只有这样，学生才能把心理健康教育活动看成是和自己息息相关的事，才能把自己的主动参与性提到最高点。因此，心理健康教育课程内容的设置应当以学生所关心的共性话题为主要内容，满足学生的心理发展需要，这样才能保证学生在心理健康教育活动中表现出较大的积极性和主动性。

4. 教育方法要适合学生的心理特点

学生喜爱活动，思维活跃，容易接受新事物，参与意识强。针对这些特点，应该以课堂活动作为心理健康教育课基本形式。活动有其他形式不能代替的优点，比较接近现实生活，因此可以吸引大部分的学生；活动还能满足学生的表现欲，在活动中，学生进入特定的情境，情感投入也较充分。活动的形式是多种多样的，比如，以专题讨论、角色扮演、情景体验、游戏等活动形式进行小组或集体辅导；以讲座或课程的形式传授给学生心理健康教育知识，让知识在互助活动或小组、集体辅导中加以运用等。

5. 尊重学生，让教师成为引导者，让学生成为课堂主人

心理健康教育课堂活动是由师生共同协作来完成的，教师的工作应该是协助学生、为学生提供建议，而不是包办学生的一切事情，整个活动的过程也应自始至终地体现学生的主体地位。老师只有尊重学生，承认学生的主体地位，在活动中学生才会开放心灵、表露自我。为此，在课程活动设计中应给予学生最大的空间来发挥他们的能力。在心理健康教育课程实施的过程中，我们应鼓励学生发表自己的看法，探索解决问题的办法，进行自我情感的宣泄。在与学生的交往中，教师应避免使用命令性的口吻等。

第三节 心理健康教育课的生成性

一、心理健康教育课程生成性的理解

心理健康教育课程的实施过程，不仅应该有体验和感悟，还应该拓展到有新的生成。充分的交流、分享，就是为了在体验、感悟的基础上通过互动再生成。从生成的广度来说，要联想到做人处事的相关方面；从生成的深度来说，要触及学生的内心世界，要涉及情感、态度和价值观的层面。在心理健康教育活动课程实施过程中的这些生成，都是没有教师"教导"的生成，是学生"活动—体验—感悟—互动—内省"下的生成，是一种近乎自发的生成，有相对持久的效果。

学校心理健康教育课程的服务对象是绝大多数心理健康状况正常的学生，课程实施的目的是帮助学生解决成长过程中遇到的各种发展性问题，充分开发学生的潜能，促进全体学生的心理在

原有基础上得到可持续发展。学生心理的建构过程也是其自我不断生成的过程，自我的生成又不断促进其心理建构。因此，课程不应该是事先设定好的静止物或一件成品，而是一个不断前进的过程。就学生来说，当其接受心理健康教育时，也不希望听命于某个固定的程序，而是期待有所发现、有所感悟，并尽情表达心灵深处的情感。据此，学校心理健康教育课程的实施是一个生成（而非预设）的过程，是教师与学生借助现实活动而进行协作的过程，它具有不确定性和建构性。

传统学科课程的运作，是展示已经设计好的"课程蓝图"的过程。课程实施者的职责就是忠实地执行已经制定好的课程计划，运作的程序是固定的，结果也是在预料之中的，整个过程是机械的、线性的。这些，都表明了传统学科课程的静态特征。相反，受建构主义认识论影响的心理健康教育课教学范式，强调学生自身作为一个开放的系统所具有的组织特性，把学习看作主体对自身的认知结构的主动建构过程，主体的发展就体现在建构过程之中。在心理健康教育课程中学生心理建构的过程就是自我不断生成的过程，自我的生成又不断地促进心理建构。正如罗杰斯所言，自我和人格是从经验中涌现的，而不是解释或扭曲经验使之适合预想的自我结构。因此，非程序化的、具有活动课程特征的心理健康教育，是不可以在事前借助于现存资源和答案进行"完备"设计的，指导者也不能真正控制、左右课程的进程。课程运作的每一个环节，都可能面临众多未知的、偶然的因素。对于学生来说，当其进入心理教育过程时，也并不希望听命于某种固有的程序，只是期待着某种发现、感悟或是帮助，而是期望尽情表达心灵深处的情感，在这种状况下，"他们宁愿成为一个变化的过程，而不愿做某种单纯的成品"[①]。

学生成为活动中自主建构的主体，指导者则提供建构的情景，学生在自主建构中不断诞生新的自我，课程的设计在自我的逐步生成中流动，自我的每一步新生都伴随着课程的不断设计、更新和延展。

---

① 罗杰斯：《成为一个人意味着什么？》，见林方主编：《人的潜能和价值》，华夏出版社1987年版，第311页。

二、教师如何促进心理健康课堂生成

1. 目标明确，有的放矢，充分预设

心理健康教育课堂具有不可预设性，其随机性造就了许许多多的生成性问题，教师在预设时，不可能预设课堂所有的可能变化，而要凭借教育智慧在教学机制中生成。同时，心理课程追求的是有效课堂，课堂教学有其自身的规律。因此，在动态生成的心理健康课堂教学过程中，必须集中更多的时间和精力从事那些有效果的和有创造性的活动，加强学生对心理情景的体验以及激发学生的积极思考，创造一些新的方法去应对各种心理困扰。

我们在课前设计教案时，要依据学生的知识水平、心理状况，以及教学内容的难易度和积累的教学经验，设计教学环节。教师要针对教学过程中学生可能生成的内容尽可能多地提出假设性预案，但任何预设都应该具有科学性和预见性，教师和学生一起对这些猜测进行讨论和思考，把心理健康知识进行内化，使之能够在此基础上再产生一些新的想法。教师事先必须对尽可能多的猜测结果进行预设，让学生充分思考，分享自己的想法，然后再做点评。

2.营造氛围，激发动能，促进生成

良好的课堂气氛能使学生学习的思维处于最佳状态，而紧张的课堂气氛则很难调动学生学习的积极性。只有营造和谐愉快的课堂环境，才能使学生将潜力发挥出来，教师对学生提出的独特想法要特别呵护、启发、引导，不可以轻易否定，要切实保护学生"想"的积极性和自信心。此外，还为学生提供自主学习、活动的时间和空间，在教学中，让学生有足够的自学时间，有广阔的联想空间。

学习总是与情境相联系的，心理健康教育课与情景关系更加密切，在接近真实的情境下进行学习，可以使学习者能利用自己原有认知结构中的有关经验去理解和同化当前学习到的新知识，从而赋予新知识某种意义。所以，在生成的课堂中，若能提供相关情境所具有的生动性、丰富性，那么，学生就会积极主动地参与课堂教学，积极生成。教师要认真钻研教材，深入挖掘知识的内在规律和新旧知识之间的相互联系，充分了解学生已有的认知结构，通过巧妙的形式激发学生的兴趣，引导学生的积极思维活动，这样才能创设良好的问题情境。

3.问题驱动，引导生成

"问题是思想方法、知识积累和发展的逻辑力量，是生长新思想、新方法、新知识的种子，学生学习必须重视问题的作用。"[①] 可见，问题对学生的学习有重要作用。所谓问题驱动就是在通过提问使学生在质疑的基础上，根据学习的实际，把握教材的整体结构，组织问题，进行课堂学习，在学生对问题本身的理解和解决中，达到知识的生成，即教师提出预设性问题，引导学生生成新的知识。

---

① 李云会主编：《教师管理课堂的艺术》，东北师范大学出版社，2010年版，第59页。

第四节　心理健康教育课的现实性

　　学校心理健康教育课程应从学生的心理实际出发，在生活世界中选择适合学生心理特点的典型材料，使学生在生活化的活动情境中通过自主认知、体验、反省来提升心理品质。从这个意义上说，学校心理健康教育课程是发端于生活世界又依附于生活世界的一种新型课程，其课程内容不追求文本的知识性、学术性和结构性，而是注重心理生活场景的设计和情境的渲染，以及呈现具有生活气息的心理空间。

　　从心理健康教育的现状来看，心理健康教育置身的生活世界是一个"人为地设计出来的生活世界"，这个生活世界与真正意义上的日常生活，如家庭生活、社会生活不同，它是学校生活，是经过处理或净化的生活世界，它暂时剔除了存在于家庭和社会中的功利的、利己的甚至是恶劣的现象和行为，将学生置于这样一个境遇之下：浓郁的学习气氛、关心与爱护的场景、权利与义务的并存、信任与归属的生成,等等。这样的心理健康教育难以体现生活的真实意义,这样的教育不够接地气,难以达到"适需"的要求。

心理健康教育呼吁回归生活世界的本质也在于重新审视生活世界的教育性,以期通过生活中的教育事件实现学生的反思和成长。

一、心理健康教育回归现实生活世界的诉求

1.心理健康教育要立足于学生发展的实际

目前的心理健康教育存在着以下现象:其一,心理健康教育理论性强,远离学生生活实际。其二,心理健康教育中学生参与性低,以说教为主。其三,心理健康教育更多关注心理问题解决技能的传授,面向全体学生的发展心理教育少。这些问题存在的根源在于现行的心理健康教育偏离生活世界,或者说心理健康教育中人为设定的生活世界难以促成心理健康教育真正教育意义的实现。没有生活作为基础的心理健康教育就如同空中楼阁,极易走向"形而上"。

2. 培养个体掌握幸福生活的本领

心理健康教育回归生活世界是为了让受教育者个体学会在真实的世界中体味生活，掌握健康幸福生活的本领。心理健康教育的本质在于引导学生学会健康生活，使学生学会在真实世界里过一种健康的人生，哪怕现实生活世界是糟糕的。只有回归到生活世界中进行心理健康教育，才能真正发现受教育者之所需，这样的教育也才能真正走进学生的内心，并让学生通过教师的引导自己去反思和体会，主动探究掌握解决问题的本领。"当教育者把在他们看来是善的东西澄明给未成年人的时候，也就把成人的方式传授给他们了，因为成人是一个过程，一个被社会化的过程，是风俗、习惯、惯例、政治、信仰逐渐内化的过程。因此，教育回归生活世界的主张不是简单的、直接的，不是回到未成年人所意欲的、充满任性的生活世界；回归不是降到而是升到，升到一个于社会和他人有用、于自身有益的生活世界，真实与健康、快乐与幸福是意欲迁升到的那个生活世界的根本性质。"

二、心理健康教育回归现实生活世界的实现路径

1. 树立以生活为基点的心理健康教育理念

心理健康关乎个体的正常生活。从发生学的角度来看，心理健康与否是和生活世界相互作用的结果。"一个人是通过共同生活的过程来教育自己，而不是被别人所教育的。"[①]生活是心理产生的沃土，心理健康与否来源于生活而且直接作用于生活，心理健康是生活中的心理健康，如果离开了生活来谈心理健康就失去了其本质的意义。心理健康教育是为了更好的生活，更好的生活必须有健康的心理为基础，脱离生活的心理健康教育必将有走向形式化、抽象化的危险。需要树立以生活为基点的心理健康教育理念，通过生活世界对学生进行心理健康教育，引导学生在实践中体验，在体验中生成自我教育的意识。

2. 创设心理健康教育的生活世界体验场景

心理健康教育回归生活世界强调学生个体学会通过生活实践体验、感悟生活的真谛，养成积极的心态和健康的心理。因此，

---

① 联合国教科文组织国际教育发展委员会：《学会生存——教育世界的今天和明天》，华东师范大学比较教育研究所译．北京：教育科学出版社，1996年版，第26-27页。

创设生活中的体验场景，使学生在实际体验中学会用健康的心理解决生活中的事件。如创设问题情境，让学生在情境中学会问题的解决，以及积极心态的养成；创设对话情境，让学生学会在交流中该如何通过对话达到预期的目的；创设不同生活世界中的体验场景，给予学生最真切的生活体验，教会学生学会用健康的心理生存和生活，即使面临的是最糟糕的现状，也能通过积极健康的心理从中找到解决问题的办法。

3. 探索"问题解析式"的教育方法

心理健康教育实践应该积极创新教育教学方法，立足学生实际需要，积极探索"问题解析式"的教育教学方法，直面学生的困惑，让学生在参与中形成，"直面问题、解决问题"的能力。心理健康教育的目的不是简单地传授理论，而是在帮助学生生成如何生存和生活的文化，把心理健康教育提升为通识教育、品格教育、能力教育。因此，在心理健康教育实践中，要从目的、对象、过程、范围上各有侧重。在目标上，要强调实效性，立足于实际问题的解决；在对象上，要强调针对性，立足于个体的实际需要；在过程上，要强调参与性，立足师生互动；在范围上，要强调全员参与，立足于全体学生的发展。探索"问题解析式"的心理健康教育，即通过生活世界中的"生活事件"培养学生直面生活的勇气、掌握解决问题的方法和提升解决问题的能力。因此，通过相应的"生活事件"进行心理训练是心理健康教育回归生活世界、依托生活世界进行心理健康教育的重要生活教育资源。通过"生活事件"进行心理训练要本着"适需"的原则，满足学生发展和成长的需要，更好地服务于学生的成长。

第三章 大学生心理健康教育改革研究

第一节 大学生健康教育课程现状

大学生的心理问题主要表现为自我意识的不稳定性，易变，不能正确评价自己，缺乏自信，缺乏学习的动力。这个年龄阶段的大学生一方面希望拥有自己的私密空间，另一方面又担心被孤立，常出现既想封闭自己又渴望建立良好的人际关系的矛盾心理。在职业选择方面，面对激烈的竞争和巨大的就业压力，常出现心态失衡，出现嫉妒、自卑和焦虑等情绪，既有共性心理问题，也有因为家庭环境、成长经历的不同而存在个体差异的情况。

随着经济社会的发展，高等教育如何适应时代发展要求、满足社会发展需求，与时俱进地培养德才兼备、身心健康的复合型人才，已成为高等教育面临的重要任务和亟待解决的问题。新时期心理健康教育已被列为大学素质教育的一项重要的教育内容。但长期以来，我国大学生心理健康现状不容乐观，如何提高心理健康教育的实效性备受关注。在高等院校设置心理健康教育课程、开展心理健康讲座、开展心理咨询活动是提高大学生心理健康教育水平的主要途径，其中设置心理健康教育课程已成为高等院校大学生心理健康教育的重要手段。但在具体的实施过程中还存在一些问题，主要是课程定位不清，对教育对象缺乏了解等，这严重地影响了大学生心理健康教育的有效性。

高校的课堂教学正在接受新的挑战——如何改革，才能更好地促进学生的发展，达到培养人才的真正目的。

教育教学质量是大学的命脉，课堂教学又是教学质量的重中之重。近年来，我国高等教育的改革与发展正在逐步深化，推动课堂教学改革，成为提升高等学校教学质量的必经之路。

二、国内外课堂教学的研究历史与现状

课堂教学作为一种集体教学形式出现至今已有多年的历史了，在这漫长的发展历程中它经历了不同阶段的变化与发展，从

最初的以教师"教"为中心到后来的以学生"学"为中心，再到目前提出的"双主教学"，课堂教学不断进行着改革以适应新时代的要求。但是，不论如何革新，课堂教学在世界各国依旧是学校教学的最基本教学形式，依旧在教学中发挥至关重要的作用。分析和整理课堂教学的历史发展，了解其特点才能在我们未来的改革中更好地面对所产生的问题，更好地解决它。

（一）国外课程改革研究

随着科学技术得到迅猛的发展，知识大爆炸的经济时代很快来临。国外的教学理论百花齐放、百家争鸣，越来越多的教学理论涌现出来，相互补充，相互辩驳。如早期兴起的新传统派教育理论，它包括要素派主义流派、永恒主义流派等。这之后又有存在主义教学哲学、分析主义教学理论等相继推出，为课堂教学的时间提供了更多的科学性指导。这期间对现在课堂教学影响最深的要数结构主义理论，他为课堂教学提供了一些颇具现实价值的观点。结构主义理论的代表人物是瑞士的心理学家皮亚杰和美国著名的心理学家布鲁纳。皮亚杰提出了"发展认识论"，认为教学不只是简单的知识的传授过程，必须与儿童的心理发展结构结合起来，促进其智力的发展。皮亚杰鼓励学生在课堂教学中发挥主动性，积极主动地学习。在教学方法上运用"发现法"，鼓励学生从学习动机出发，努力探索求知，自己发现问题、解决问题。20世纪70年代，美国心理学家斯金纳提出要对课堂要学进行改革，在批判现有课堂教学效率低下的同时，提出了强化理论。总之，这一阶段的课堂教学发展具有三个特征：恢复了教学学生的主体地位；知识传授的同时注重智力的发展；课堂教学组织发展更为科学化、最优化。

纵观课堂教学的发展史，每一次变革都是为了适应时代的要求，为时代提供优秀人才。我们只有清楚了课堂教学的发展历程，才能将已有的经验和时代的发展结合起来，为新的课堂教学改革提供有效、科学的依据。具体的改革表现包括：课堂教学目的从注重知识向知识与能力并重的方向发展；组织方式从统一大班授课向集体授课为主，小组教学和个别教学为辅的方向发展；师生关系由以教师为中心向"主教学"发展；教学方法则是从单一讲授法向各种方法有机结合发展等。

（二）国内课程改革研究

关于高校课堂教学观的研究，课堂教学观包括教学价值观、教学目的观、教学过程观、教学内容观和课程观等方面的内容。在课堂教学价值观的研究中，李长吉指出教学价值的两个构成要素是教学的属性和人的教学需要。在教学目的观的研究中，杨波等学者认为教学在于促进学生个性的全面发展，[1] 程胜认为教学的目的在于师生间的共同理解。[2] 在教学过程观的研究中，古良琴、叶澜、周海银、李朝晖等学者认为教学的过程可以看作是知识传播与生成的过程，是生命成长与形成的过程，是师生间、学生间互动的过程，是师生间共同参与的"精神游戏"。[3] 在教学内容的研究中，有学者认为教学内容应注重知识与能力的并重，科学与人文的并存，知识与情感的交融，知识与生活的交汇。在课程观的研究中，任亚方提出教师要善于处理教材，把向学生传

---

[1] 杨波主编：《艺术理论与实践创新研究》，新华出版社，2023年版。

[2] 程胜：《新教师专业发展中的教学模仿研究》，《上海教师》，2023年第2期，第67-74页。

[3] 古良琴：《论外国经典教育家的道德教育观》，《中学政治教学参考》，2002年第C2期，第15-17页。

授知识的过程变为学生主动发展的过程。[①]

关于高校课堂教学模式的研究，不少学者详细阐述了现存的和创新的教学模式，大致可以分为以下几类：基于探究的课堂教学模式、探索式课堂教学模式、研讨式课堂教学模式、研究性学习模式和问题学习模式，此类教学模式都是将探究和讨论作为教学的主要手段，培养学生的探究精神和创新性思维。主体教育课堂教学模式是教师调动学生积极主动地参与教学过程，在教师的指导下学生的主体作用得到充分发挥。合作学习模式，有论者认为群体性是合作学习的主要特征，学生之间的互助学习有助于提高学习效率。

---

① 任亚方：《教学改革视角下"两种思维相结合的教学方法"的再思考》，《北京教育学院学报》，2013年第4期，第65-68页。

第二节　大学生健康教育课程相关研究

一、课程改革的相关概念界定

（一）教学的含义

《辞海》对"教学"一词有三种释义：一是指教师传授给学生知识、技能的过程；二是指教育；三是指教书。各国教育学家对教育的解释也各有不同。苏联教育家斯卡特金认为，"教学是一种传授社会经验的手段，通过教学传授社会活动中各种关系的模式、图式、总的原则和标准。"[1]美国教育心理学家布鲁纳认为，"教学是通过引导学习者对问题或知识体系循序渐进的学习来提高学习者正在学习中的理解、转换和迁移能力。"[2]李秉德认为"教学就是指教的人指导学的人进行学习的活动。进一步说，指的是

---

[1] （苏）斯卡特金:《现代教学论问题》,张天恩译,教育科学出版社,1982年版。
[2] （美）布鲁纳（Bruner, J.）:《布鲁纳教育论著选》,邵瑞珍等,译,人民教育出版社,1989年版。

教和学相结合相统一的活动。"①

虽然大家对"教学"给出了不同形式的解释，但是在众多定义中，都包含了以下几点：一是都强调了"教"与"学"的统一性。教学不能单看成是"教"或者是"学"，只有教师"教"，没有学生"学"，是没有目标、没有意义的"教"，只有学生的"学"，没有教师的"教"，学生就不能准确快速地掌握知识和提高技能。二是都明确了教学中实施者和接收者之间的关系。"教"是一种外化过程，以教师的行为作为主导，"学"是一种内化过程，以学生的行为作为主体。教师不能代替学生成为学习的主体者，不能剥削学生的主体地位，只能在学习过程中起到主导作用，指导学生更好地学习。而学生只有借助教师的指导，才能更好的学习。三是都强调了教学的全面性。教学不仅仅是教授学生知识、技能，更重要的是教会学生"做人"，在教学过程中让学生的情感得到升华，注重培养学生的思想品德，使其全方位发展。

教学具有两方面的功能：一方面是教学促进社会的进步和发展。教学将社会与个人有机地联系在一起。通过教学，人们可以在短时间、高效率地掌握人类在历史长河中留下的宝贵知识财富，

---

① 李秉德主编：《教学论》，人民教育出版社，1991年版。

并在科技高度发达的今天学会学习的技巧，为未来从事的各种社会实践和创造新的知识打好基础。另一方面是教学可以培养学生的个性，使其全方面发展。教学对个体的影响是直接且具体的，学生从无知懵懂的儿童成长为一个思想健全、拥有足够知识储备的个体，需要经历一个长时间的学习过程，同时还受到客观条件个人经验的限制，但教学可以缩短学习的时间，提高学习的速度，扩大学习的范围。教学不仅仅包括知识的学习，还包括对学生世界观、价值观、道德观的培养，使学生得到全方位的发展。

（二）班级授课制的概念

班级授课制也被称为班级教学、课堂教学，是课堂教学的基本组织形式。班级授课制是指把年龄和知识程度大致相同的学生，编成固定人数的班级，教师按照各门学科的教学大纲规定的内容，组织教材和选择恰当的教学方法，按照课程表规定的时间，向全班学生进行授课的教学组织形式。

班级授课制产生于近代资本主义兴起时期，17世纪捷克著名教育学家夸美纽斯在他的《大教学论》[①]中最先对班级授课制进

---

① （捷）夸美纽斯：《大教学论》，傅任敢译，教育科学出版社，1999年版。

行总结和论述，将其定义明确下来。18世纪教育学家赫尔巴特提出了教育过程的形式和阶段等理论，进一步补充和完善了班级授课制的概念。直到以凯洛夫为代表的教育学家提出"课"的类型和结构概念，班级授课制才成为一种完善有效的教学组织形式。

班级授课制的优势在于：同一班级学生可以由一名教师进行集体授课，大大提高了教师的教育效率；以"课"为教学活动的单元，提高了学生学习知识的完整性和系统性；根据授课时间和计划，可以更好地安排教学，提高教学效率；充分发挥了教师的主导作用；相同年龄和知识程度的学生之间可以更好地相互交流、讨论、切磋。但也有一定的局限性：以教师为主导的课堂，忽视了学生主动性，将学生置于被动的位置；教学计划统一制定，导致课堂的多样化、开放性不够；教学内容单一；集体化教学限制学生的个性发展等。针对以上可能出现的问题，长久以来各国都在探索和研究更加符合现代化社会新形势的教学组织形式。世界各国相继掀起缩小班级规模的运动，同时强调加强班级授课制与其他形式教学组织形式相结合，完善其本身的不足之处，变革课堂教学的环境，使班级授课制变得更加弹性化。

（三）课堂教学的含义

课堂教学是一个复杂的系统，其基本组织形式是班级授课制，其结构要素包括很多，诸如教学目标、教学内容、教学主体等，这些要素大致可以分为构成性要素和过程性要素两大类。

构成性要素由学生、教师、教学内容、教学媒体四个要素构成。其中学生是主体要素，在课堂教学中学生是教学信息的接受者，在教学活动中发挥其主体作用。其相关的因素有：学习情感意向、学习智能、基础知识、个性品质。教师是主导因素，教师在课堂教学中承担着组织教学内容、设计教学方法和指导学生学习的任务，其子因素有：教学态度、教学技艺、智能结构、个性品质。教学内容是教学的信息要素，其子因素有内容选择、组织、展开与表达，以及内容编码。教学媒体是教学媒体的物质要素，它是教学信息传递的媒介，其子因素有：媒体选择、媒体组合、媒体质量、媒体运用等。

过程性要素由教学目标、教学方法、教学内容、教学形式、教学结果这五大要素组成。教学目标中包括认知目标、情意目标、发现目标，是教学活动指导要素；教学内容包括知识、技能、人生观、价值观以及思维方法的培养；教学方法是多种多样的，有体验式教学、发现式教学、探究式教学等，意在于传授知识、陶冶情操。教学形式以班级授课制为主，辅以其他形式的教学形式，如参观、实验研究、社会活动等；教学结果则是通过教学评价得以体现。

二、课程改革相关理论依据

高校课堂教学改革的进行，必须要以一定的教学理论作为依据。立足于教育心理学和教育技术学等理论，建构主义观点被越来越多地用到一些问题的研究中。它对传统的认识论进行了批判，并在已有的理论上形成了新的认识论、学习论和教学论。高校课堂教学改革应结合现代教育理论的成果，参考建构主义理论各派的观点，吸取有益于改革的部分，从知识观、学习观、课程观、教学观等方面对教学改革进行指导。

（一）建构主义的学习观

1.建构主义的知识观

建构主义知识观认为知识是主动建构的，而不是被动接受的。

心理学家奥苏贝尔强调学习者已有经验的作用，认为新知识的建构是将新旧知识联系起来，将新知识纳入原有知识体系中。因此，学习者只有通过自身的建构，对知识产生自己的见解，才能吸收知识。建构主义知识观还认为知识是个人经验的合理化。每个学习者对于知识的建构都是建立在已有知识经验的基础上，每个主体所建构出的知识不一定是真实世界的反应，因此，知识并不能说明世界的真理性。知识是个体与他人经过协商达成一致的社会建构。建构主义虽然认为知识是个体经验的合理化，但是对于知识的建构也不是这么随意，需要与其他人的建构达成共识。

2.建构主义的知识观

第一，学习不只是把知识搬到学习者的脑中，不是学习者被动接收信息，而是以自身已有经验背景为基础，主动对所接受信息进行加工、整理、分析，从而将外界信息建构成为自己的内部知识。因而学习是主动建构意义的过程，所以这个建构过程是别人无法代替的。第二，建构新知识的过程，就是外部信息与内部已有经验之间的相互作用的过程。外部的知识只是基于一定形式基础上的知识，没有什么具体的意义。只有将外部知识进行重新解读、编码使之成为内部的经验，才能获得新的意义。同时也不能无视已有的知识经验，应将已有的背景经验作为新知识的"生长点"，通过建构新的知识经验不断调整已有知识结构。第三，建构的意义根据各自的理解各不相同。每个学习者过去储备的知识数量和程度都有很大差别，有的学习者对某些问题的经验甚至完全为零。面对这样的问题时，学习者都会将对这个问题的理解建立在相关的经验之上，建构新的意义。不同的背景经验建构出的新知识都是不同的，体现了学习者的个体差异性。第四，建构主义者很注重学习过程中的讨论和交流。通过合作学习，学习者可以看到对相同问题的不同理解，从而充实自己已有的知识结构，加深对问题的理解：对于与自己认知相异的理解，可以通过比较判断正误，纠正自己错误的认识。通过相互讨论，学习者还可以得到更多的看法，开阔思维，学到新的知识，重建新的知识经验。第五，建构主义学习观要求学习者积极地、有目的地进行积累性学习，同时还要经常对学习过程进行诊断和反思。在建构主义学习中，学习者应当积极主动地开始学习，并且鼓励学习者确定明确的学习目标，并通过各种不同的途径达到相同的目标。学习的积累不是量的积累，而是质的飞跃。

（二）建构主义的教学观

从教学目的来看，学生是知识的主动建构者。传统教学通过教学目标制定教学内容和教学计划，以教学目标的完成度来评估教学质量和教学结果。传统的教学目的是帮助学生了解世界、认识世界，而不是鼓励学生自己分析解决遇到的问题。在建构主义学习环境中，教学的目标是学生对知识的建构过程，强调学生的主体位置，注重学生创造性思维的发展。教学就是要为学生创建一个主动构建知识的环境，培养学生的主动性和创新性。

从教学模式看，建构主义就是要为学生构建一个以学生为中心的教学环境。在教学环境中，教师作为指导者、引路人引导学生建构知识体系，利用多种教学模式刺激学生主动积极地学习，最终使学生达到知识有效构建的目的。

从教学方法看，建构主义理论为了使学生有效地建构知识意义，开发了多样化的教学方法，如情境教学、支架式教学、随机通达教学、自上而下的教学等。

1.情境教学

首先，情境教学法将教学放置到具体的现实情境之中，以学生在现实生活中遇到的问题为目的。情境教学的内容应选自现实生活中真实的问题，不能将其处理成简单的模型使其失去现实意义。在解决此类问题时，可能会涉及多学科的知识，情境教学主张弱化学科之间的界限。其次，情境教学所解决的问题不是教师事先准备好的，它的提出过程类似于现实中专家研究某类问题的探索过程，教师建构与之相适应的学习环境给学生，引导学生发现问题的矛盾点，并通过积极探索寻求解决方案。从大学生的认知发展水平来看，基础知识的获得可以以自学为主，他们完全具有这样的能力。因此，教师可以将课堂的重点放在情境的建构上，更多地培养学生的思维能力。

2. 支架式教学

在支架式教学中，教师的作用类似于支架，帮助学生建构和内化所学知识和技能，提高学习者的认知水平。通过教师的支架作用，慢慢将学习的任务由教师转移到学生身上，教师引导学生逐渐将知识内化为自身的经验，并在建构过程中加以矫正使其建立正确的知识结构。

3. 随机通达教学

学习者在对知识信息的建构中，根据以往经验的不同，对所建构的知识理解也各不相同。随机通达教育就是对同一问题建立不同的学习情境，在不同的背景下让学习者对同一知识建构不同的意义，从多个角度、全方位地理解问题。教师要指导学生对不同意义进行比较和判断，进而搭建属于学生自己的知识体系。

4. 自上而下的教学

传统的教学是从基础知识出发，逐级向上探究问题，但是建构主义遵循完全相反的路线，自上而下的教学，以问题为出发点，探索和研究解决问题的方法，最终在探究过程中建构知识的意义。建构主义更加注重合作学习，鼓励教师和学生之间相互交流，在交流中进行发展。

三、课程改革建议

1. 丰富教学方法

教师在教学过程中应关注大学生的心理需求，提高大学生环境适应能力、自我管理能力和情绪调节能力，提高心理素质。要做到这些，关键在于要在具体的教学过程中根据教学目标实施有效的课程教学方法。教学过程中应改变以往的一言堂的教学方法，将心理教育课程性质定义为实践技能课。教学过程中可灵活运用讲授法、心理测试法、心理游戏等。丰富、灵活的教学方法能够充分调动大学生学习的主动性、积极性，能够诱导大学生带着积极的情感体验参与课堂教学，使学生在轻松、愉悦的气氛中习得知识，有利于提高大学生的理解、应用、分析、解决问题的能力。

2. 课堂教学与课外实践有机结合

为实现心理教学目标，应将课堂教学与课外实践有机结合，高校心理健康指导教师应注重心理健康教育课程知识的延伸和挖掘，把课堂教学与课外实践视为一个完整的教学体系，经常组织学生积极参加社会、学校组织的各类专题讲座和公益活动，鼓励学生积极参加学校和班级开展的各种活动。教师应引导学生挖掘讲座和活动的积极的思想，向上的动力，结合课堂教学内容，循序渐进培养学生积极、健康向上的心理状态。

3. 关注评价，及时指导

为提高大学生心理健康教育的有效性，更好地实现大学生心理健康教育的目标，高校教学管理人员和心理健康指导教师要关注心理健康教育课程的评价。心理健康教育一方面要关注课堂心理健康知识的掌握，另一方面也要关注大学生心理健康教育课程目标的教学效果。不能武断地用考试分数作为衡量教学效果的唯一标准，具体的教学实践中可结合实际采用心理测量、行为观察等方法来对教师的教和学生的学进行客观公正的评价。客观的教学评价有利于及时指导教与学的方法和策略。

4.利用网络平台,渗透心理教育

随着经济社会的发展和科技的进步,网络被广泛地运用于生活和教学中。高等院校可以利用大学生乐于通过网络进行交流的契机,充分发挥校园网等丰富的网络教育资源作用,建立心理健康教育网络,给广大师生提供一个开放式学习、交流心理知识的现代化网络平台。心理健康指导教师可开展免费在线心理咨询,方便学生随时进行心理咨询。

第三节 大学生健康教育课程改革的必要性

一、新课改对高校健康教育教学改革的要求

（一）基础教育课程改革的理念

课程改革在本质上是对课程系统中理论与实践进行的有计划的、复杂的改革，使其达到预期目标的过程。原有的课程理念只重视传授和积累知识，而不注重搜集、处理信息；只重视教育结果而不重视教育过程，因而以不适应知识信息急剧增加的社会发展现实，需要建立新型的课程理念。由于未来社会对人才的素质要求是多方面的，要使新课程能够促进学生更好的发展，未来的课程改革应该贴近时代脉搏，注重学生素质的提升，关注课程试验和德育课程改革，促进信息技术与课程的整合，加强基础学科和综合课程的建设，设置多样化的课程，并使课程评价多元化，课程体制弹性化。

（二）基础教育课程改革的目标

1. 学生的均衡发展

新的课程计划确立了我国基础教育"两段设计"的新建构，课程结构要求对学生的学会求知、学会做事、学会共同生活、学会生存和发展能力的培养。新课程所要培养的是德智体美劳全面、和谐、均衡发展的人。新课程应在课程结构上均衡安排各学科，将分科课程和综合课程结合起来，在课程内容上要进行合理的取舍和规划。

2. 学生的个性发展

新课程在促进学生均衡发展的同时，还需要关注学生的个性发展。个性发展更重于知识、技能的发展，学生应首先是一个有个性的人。学生的这种个性需要从学生与自我的关系、学生与他人和社会的关系、学生与自然的关系三方面进行培养。

3. 学生的自主发展

基础教育课程改革要关注学生的主体性发展，教师应成为学生自主发展的引导者，积极实现学生学习方式的革命。在教学上尊重学生，在学习方式上要发展学生的探索能力，使学生成为学习的主人，在评价上要促进学生的发展，从而进一步提升学生的自主性、能动性、创新性，为学生的终身学习打好基础。

（三）中学课程改革推动高校课堂教学的改革

从基础教育发展趋势来看，当前国内正在推行的中学新课改对大学课堂教学提出了严峻挑战。中学新课改是基础教育改革的发展方向。在中学新课改中，已经涌现出一批名校。这些学校的课堂教学虽然形式各异，但有一个共同特点：就是老师在课堂上讲授的时间大大减少，主要的教学内容都是由学生通过自主、合作和探究的方式来完成学习的。经过调查研究发现，课改后的学生不但自主学习能力强、思维活跃、善于独立思考问题、口才好，而且具有强烈的自我展示欲。

基础与课程改革能否顺利有效地进行，教师起着关键的作用。教育部2001年6月印发《基础教育课程改革纲要（试行）》指出："师范院校和其他承担基础教育师资培养和培训的高等学校和培训机构应根据基础教育课程改革的目标与内容，调整培养目标和专业课程结构，改革教学方法。中小学教师继续教育应以基础教育课程改革为核心内容。""地方教育行政部门应制定有效、持续的师资培训计划，教师进修培训机构要以实施新课程所必需的培训计划为主要任务,确保培训工作与新一轮课程改革的推进同步进行。"新课程改革对高等师范院校课程和教学提出了新的要求,对此,教育部已相继出台了一系列与高等师范院校课程与教学改革相关的措施,要求各级各类高等师范院校要认真学习关于基础教育改革的文件,要密切关注和了解当前基础教育改革特别是基础教育课程与教学改革的动态和走向,研究他们对教师培养和培训提出的新要求;要进一步更新教育观念,转变教育思想,积极探索改进教师培养和培训工作。

二、学生心理发展对高校健康教育教学改革要求

新课改下大学生心理思维发展的特点:大学生思维的发展是在高中生的基础上进行的。在新课改的背景下,现今高中生较之以往的学生出现了新的特点,在此基础上发展起来大学生的思维也具有新的特征:思维独立性更强,遇到问题喜欢独立思考并能独立分析解决的办法,寻求多种解决途径。初步形成批判性思维,对接受的知识不是照单全收,而是经过初步的思考和判断后接受,在判断过程中能提出新的想法。思考问题时的广度增大,考虑问

题时能从多个角度去衡量，同时较之高中阶段思考的深度也不断加深，更注重探究事物的本质。形象思维和逻辑思维向较高的阶段发展，在学习新知识时，根据新高中课程已建立的知识体系，学生能主动将抽象问题与已有经验相结合，总结归纳新的知识，抽象思维向更高的阶段发展并占主导地位。创新性思维在高中课堂教学中的得到了初步的培养，具有一定的创新性思维的基础，能更快地适应改革后的高校课堂教育。

课堂教学是师生双方的教与学，只有更清楚地了解当下学生的学习心理和思维发展，才能更好地做出对策以提高我们的课堂教学质量。对于新课改背景下培养出来的学生，我们不能以旧的眼光去看待，不能以旧的标准去要求，不能以旧的课堂去教育，只能革旧出新，探索出新的适应当下学生发展的新课堂，努力培养符合时代发展的新人才。高校的教学方法从注入式教学到启发式教学再到创意式教学，不同方法的运用都应与学生的身心发展水平相适应，同时又具有一定的超越性，灵活多样，能够促进学生共同发展，促进学生创新能力的发展，体现学生主体作用，促进学生自主学习能力的发展。在教学中要注意教学的广度和深度，注意所学课程与其他学科之间的联系。总之,以学生发展为中心,促进高校课堂教学改革,就是要充分考虑学生的学习心理和发展思维。

第四章 大学生学习心理发展与教育

第一节 大学生学习特点与心理机制

一、学习概述

生活中我们常使用"学习"一词,学生的主要任务就是学习,但平时我们所说的学习一般指知识技能的掌握,而心理学关于学习的界定远远超出了我们平时所理解的范畴,而且关于学习有种种不同的界定,较为广泛的定义是:学习是指个体在适应环境的过程中,通过练习或反复经验而产生的在行为或行为潜能方面比较持久的变化。

(一)学习的主要特点

第一,学习是以行为或行为潜能的改变为标志的。学习,有的可以通过外显的行为表现出来，如学会写字、说话、开车等。有的学习不一定在人的当前行为中立刻表现出来，如信仰的确立、世界观的形成、人格的养成等。此外，人类的学习不仅仅是为了适应环境、认识世界，还要提高征服自然与环境的能力，进一步改造世界。为了达到这一目的，人类主动地探索各种有效的认识世界的方法、学习的方法，并通过认识、经历、体验，获得感悟，进行自我改变，从而转化为人类自身征服自然、改造世界的能力。因此，人类的学习并不是单纯的记忆和背诵，而是在自己头脑中建构属于自己的知识、方法和技能体系的过程。

第二，学习是由练习或反复经验引起的。这里所说的经验不是通常我们所说的总结出来的经验，而是指经历，是个体通过活动获得经验的过程。它不仅包括个体的练习，更重要的是个体和环境之间的不断相互作用。一方面，外界环境信息若要对个体产生影响，需要以个体已有的知识、技能、态度为基础；另一方面，外界环境信息对个体产生影响又使个体经验不断丰富与发展，本能、疲劳、适应、成熟等也能引起行为变化，但这不是学习。例如，遇火缩手是本能引起的肢体应答，不能叫学习；运动员在长跑中速度越来越慢是由疲劳引起的，这也不是学习；个体的成熟与衰老也会使行为产生变化，这种变化是由机体的生理发展引起的，也不是学习。个体发展中学习和成熟往往相互作用，只有个体达到一定的成熟程度，经验才会发生作用，如儿童学习语言，其中既有成熟的作用，也是学习的结果。因为只有到了一定年龄儿童才能理解语言进而成功表达，这是由生理成熟度决定的，但如果没有外在的语言环境，如成人的教育和儿童的语言模仿，儿童就不会有正常的语言表达，这是学习的作用。

第三，学习引起的变化是相对持久的，由一些因素引起的暂时性变化，如疲劳、疾病、药物、偶然的刺激等，也会引起人的行为的改变，但这种行为改变是暂时的，当这些因素消失后，相应的行为变化也就停止了，这种暂时性的行为变化不是学习。学习引起的无论是行为上的变化还是行为潜能的改变都是相对持久的。

（二）学生的学习

学习有广义、次广义、狭义之分。广义的学习是指人和动物的学习，次广义的学习指人类的学习，狭义的学习专指学生的学习。人类的学习和动物的学习还有着本质的区别，主要表现在：一是人类的学习除了要获得个体的行为经验外，还要掌握人类积累起来的社会历史经验和科学文化知识。二是人的学习是通过语言的中介进行的。三是人类的学习在很大程度上是有目的地、自觉地、主动地适应环境的过程。

学生的学习是人类学习的特殊形式，特指在学校情境中，在教师指导下，有目的、有计划、有组织地在一定时间内通过一定的方式，系统地掌握人类积累起来的文化知识，发展智能，形成行为习惯和道德品质，促进人格发展的过程。学生的学习内容大致可以分为三个方面：知识的掌握和技能的形成；智能的开发和非智力因素的培养；行为习惯的养成和道德品质的培养。

学生学习的特点表现在以下方面：

首先，它以系统学习人类积累起来的间接经验为主。学生在学校中的学习主要是接受和学习前人的经验，学习书本知识，而不是亲身去发现经验。因此，所获得的知识是一种间接经验。

其次，它是在教师指导下有目的、有计划、有组织进行的。学校教育是指教育者根据一定的社会需要，遵循受教育者身心发展规律，有目的、有计划、有组织地引导受教育者去主动学习，积极进行经验的改组和改造，促使他们提高素质、健全人格的一种活动，学生的学习也自然体现了学校教育的特点。

再次，学生学习的主要任务是掌握系统的科学知识、技能，形成科学的世界观和良好的道德品质。教师的根本任务是教书育人，在教给学生知识的同时，也要对学生进行思想品德教育，引导学生形成正确的世界观。

最后，具有主动建构性和一定程度的被动性。学生的学习与人类学习一样，是把外界信息和人类积累起来的经验通过自身进行主动建构的过程。他们的学习不只是为了适应当前的环境，更是为了适应将来的环境和社会，所以当学生意识不到他当前的学习与将来发展的关系时，就存在着被动学习的状态，需要教师培养和激发学生的学习动机，提高其学习的积极性和主动性。

二、学习过程中的心理特点

从大学学习活动的内在规律与大学生心理发展的阶段性特点来看，大学生在大学期间的学习活动要完成两个心理转变过程：

其一，实现从中学的习惯性学习向大学的研究性学习的过渡，其二，做好从学校（学习）走向社会（就业）的心理准备。在完成这两个心理转变的过程中，大学学习心理的特点便逐步表现出来。与大学生心理发展的阶段性特点相一致，大学生在不同学习阶段的心理特点分别是：

第一，适应阶段的学习心理。进入高等学校以后，大学生首先面临的是新的学习环境：课堂教学比重减少，自主学习时间增加；课堂讲授内容增多，知识难度加深；课外知识不断扩展，作业形式灵活；等等。大学学习形式与中学存在较大的差别，常常会使学生在一定时期内表现出多方面的不适应。例如，中学学习阶段的主导动机失效造成的升入大学后学习积极性的波动，导致学习动因不明确（主导动机失效造成的不适应往往在学习成绩中有较明显的体现）；现实大学生活与自己的理想憧憬存在一定的差距，也容易导致入学初期学习积极性下降或兴趣转移等现象的出现，这对于大学基础课的学习十分不利；再者，许多学生因高考成功而滋生了过于相信自己的学习能力和习惯的心理定式，入校后往往不能及时认识到自学能力是决定大学学习效果的重要因素，对大学学习活动的特点往往是在多次"碰壁"后才能有所领悟。因此，在适应阶段，学生在学习活动中的主要心理异常表现为学习中的学习能力不适应。有关调查显示，新生入学后有70%的同学会有一种失落感，这一阶段要持续大约两个学期，个别同学甚至要延长到二至三年级。

第二，稳定发展阶段的学习心理。大学生在逐步适应了大学生活以后，开始转入获取知识、发展能力的阶段。在这一阶段学习活动中表现出的心理特点主要是：大部分学生在适应了大学生活以后重新获得了自信，学习兴趣日益浓厚，态度端正，意志更加坚定。特别是随着价值观和是非观的确立，求异心理不断强化，在同学中会产生奋斗目标和学习态度的差异。调查表明[1]，大约有60%的同学选择了未来目标并开始为之奋斗，而有些同学由于受到各种因素的影响，人生目标尚不明确，自我要求不高，学习上得过且过，以致自酿苦果，学业无成。在整个大学生活中，稳定发展阶段是大学生在校期间人生价值的认知阶段，它对每个大学生以后的人生经历起着至关重要的作用。因此，在这个阶段，

---

[1] 陈志扬：《浅谈体育课堂提问中有效性评价的构建》，《大家参考·基础教育新课程研究》，2010年第3期。

大学生必须排除影响和干扰学习活动的各种心理障碍，积极、主动、自觉地从事学习活动。

第三，趋于成熟阶段的学习心理。随着大学生活的进行，到了毕业前夕，由于学习内容及其形式从课堂讲授向毕业实习转移，学习活动与毕业后的工作岗位及所从事职业性质的联系密切，大学生的学习活动也相应地发生变化。由于每个学生对自己未来社会职业的性质、环境的认识和设想不同，对待学习活动的态度就会有很大的差异。个人就业能力、就业心态以及国家就业政策与市场就业形势等多种因素的影响，这个阶段也就成为大学生自入学以来心理矛盾最为复杂和激烈的时期。大学生在就业活动中，对未来工作单位期望值过高的心态会引起他们的种种心理冲突，产生忧虑感、紧迫感，影响毕业前的学习活动。

大学生学习心理发展过程的阶段性特点，因学校性质不同、专业特点不同和个体素质不同而有一定的区别，但就学习活动的全过程来看，三个阶段前后相继、连续发展，共同构成了大学生学习心理发展的动态过程。一般而言，在有限的大学学习时间内，大学生只有通过积极努力争取缩短第一个阶段的心理适应期时间，有效提高第二、第三阶段的心理发展水平，才能使学习过程中的智能发挥达到最佳效果。而要使自己的智能发挥达到最佳效果，大学生需要保持稳定而持久的心理健康状态。否则，正常的学习活动会难以维持，在学习过程中发展智能只能成为一种奢望，甚至变得遥不可及。

三、影响学习的心理因素

（一）学习动机

学习动机是指直接推动学生进行学习活动的内在动力，它是激励学生进行学习活动的心理因素。具有学习动机，并保持一定的强度，是学生有效学习的必要条件。

1. 学习动机的类型

（1）内部动机和外部动机

根据动机的来源不同，可将学习动机分为两类，即内部动机和外部动机。内部动机是指由个体内在的需要引起的动机，如学习兴趣、提高自己能力的愿望等因素，能促使学生积极主动地学习；外部动机是指个体由外部诱因引起的动机，如为了得到教师或父母的表扬、奖励而努力学习，他们学习的动机不在学习任务本身，而在学习活动之外。内部动机可以促使学生具有自主性、自发性，使学生有效地进行学校中的学习活动。当然，内部动机和外部动机的划分并不是绝对的，任何外在的力量都必须转化为个体内在的需要，这样才能成为学习的推动力，从这个意义上说，外部学习动机的实质仍然是一种学习的内部动力。我们也不能忽视外部学习动机的作用。教师一方面应逐渐使外部动机作用转化成为内部动机作用，另一方面又应该利用外部动机作用，使学生已经形成的内部动机作用处于持续的激发状态。

（2）认知内驱力、自我提高内驱力及附属内驱力

美国心理学家奥苏伯尔的学习理论将学习动机分为认知内驱力、自我提高内驱力及附属内驱力。

认知内驱力是指学生渴望认知、理解和掌握知识，以及陈述和解决问题的倾向。认知内驱力源于学生的好奇心，引起探究、操作、理解和应对环境的心理倾向。这些心理倾向最初都是潜在的动机因素，它们本身既无内容也无方向。这些潜在的动机能够转变为实际的学习动机，主要受两方面因素的影响：一是成功的

学习结果会使学生未来能取得更满意的结果，二是家庭和社会中有关人士的影响。值得重视的是，认知内驱力作为内部动机，往往会因注重竞争分数、计较名誉或担心失败等外部因素而削弱，一味奖励会使学生把奖励看成学习的目的，导致学习目标的转移，而只专注于当前的名次和奖励，在心理学上称作"德西效应"。因此，教学必须重视认知和理解的价值，使学生对认知本身感兴趣，而不应把奖励作为首要目标。

自我提高内驱力是一种通过自身努力，胜任一定的工作职位，取得一定的成就，从而赢得一定的社会地位的需要。在自我提高内驱力中，对地位的追求是动机的直接目标，而成就的获得和能力的提高是其间接目标。显然，自我提高内驱力属于外部的、间接的学习动机。但是也不能因此忽视自我提高内驱力的作用，它的作用时间往往比认知内驱力还要长久。认知内驱力往往随着学习内容的变化而发生变化，当学习的内容不能激发学生的认知兴趣时，认知内驱力就要下降或转移方向，而自我提高内驱力指向的是较为远大的理想或长期的奋斗目标，这些会成为鞭策学生努力学习、持续奋斗的长久力量。因此，在教学中培养学生树立崇高的理想和远大的抱负，激发学生的自我提高内驱力，也是促使学生保持长久学习动机的有效措施。

附属内驱力是指学生为了得到长者或权威的赞许或认同而表现出来的一种把学习或工作做好的需要。对于学生来说，附属内驱力表现为：为了赢得家长或教师等人的认可或赞许而努力学习，取得好成绩。附属内驱力的产生有两个条件：一是由学生认可的长者或权威人物对其学习结果进行评价，二是从长者或权威人物的认可和赞许中也会获得一种派生的地位。这种地位与自我提高内驱力所获得的一定的社会地位不同，它不是由学生本人的能力或成就水平决定的，而是从他追随或依附的长者或权威人物所给予的赞许中引申出来的。

三种内驱力有比较明显的年龄特征。在中小学生身上，小学低年级学生附属内驱力是成就动机的主要成分，随着年龄的增长和独立性的增强，附属内驱力在强度上有所减弱。到了中学阶段，来自同伴的赞许或认可将激发中学生形成强烈的自我提高内驱力。进入高中或大学后，随着认知能力的发展，职业定向的稳定，认知内驱力将成为学习的主要动机因素。

2.学习动机与学习效率的关系辨析

研究表明，动机对行为效率的影响取决于两个要素：一是动机本身的强弱，二是个体行为的质量。一般来说，动机的强度越高，对行为的影响越大，学习效率也就越高；反之，动机强度越低，则学习效率越低。但是，心理学研究表明，动机强度与学习效率之间的关系不是一种线形关系，而是呈现倒"U"型曲线关系。中等强度的动机最有利于任务的完成，也就是说，动机强度处于中等水平时，学习效率最高，一旦动机强度超过了这个水平，对行为反而会产生一定的阻碍作用。例如，学习动机太强，会产生焦虑和紧张，干扰了思维和记忆活动的顺利进行，使学习效率降低。考试中的"怯场"现象主要是动机过强的结果。

心理学家耶克斯和多德森的研究表明，各种活动都存在一个最佳水平。动机不足或过分强烈，都会使工作效率下降。研究还发现，动机的最佳水平随任务性质的不同而不同。在难度不大的任务中，工作效率随动机的提高而上升；随着任务难度的增加，动机的最佳水平有下降的趋势。也就是说，在难度较大的任务中，较低的动机水平有利于任务的完成。这就是耶克斯－多德森定律。

学习动机是学习积极性的核心内容，学习积极性实际上是学习动机的具体表现。因此，提高学习积极性的中心问题是培养学生的学习动机问题。

学习兴趣是推动学生学习的有效动力，是学习动机中最现实、最活跃的心理成分，是提高学习积极性最直接的因素，是学习得以发生、维持和完成的重要条件。

3. 大学生学习动机的特点

西南大学黄希庭等学者对我国大学生学习动机的调查结果显示，大学生的学习动机具有以下几个特点：

（1）在大学生的学习动机中，内部动机尤其是发展成才的需要始终占据首要地位，它对大学生的学习起到持久的推动作用。

（2）受商品经济文化的影响，对个人利益的追求在学习动机中处于重要地位，主要表现在大学生对高报酬的追求上。

（3）由于传统文化及社会角色特征的影响，男女大学生在学习动机上存在一定的差异。男大学生更重视对个人利益和社会利益的追求，敢于冒险和尝试；而女大学生更多的是避免失败，追求稳定。

（4）随着就业的临近，毕业班的大学生比其他年级的大学生更注重求知和提高自身素质，对物质利益的追求有所下降。

（5）不同类型学校的大学生学习动机也有所不同。比如，学业任务相对较重的工科和医科院校的大学生更注重个人未来的职业发展，而军事院校的大学生则侧重社会发展动态和个人成就。

4.大学生学习动机的培养

学习动机对学习活动的影响是巨大的，大学生有意识地培养正确的学习动机，对学习会产生不可估量的作用。具体而言，可以从以下四个方面努力：

（1）高尚的优势动机的确立。优势动机，在学习活动中居于支配地位。因此，只有首先确立正确的优势动机，才能把握一个人学习动机的实质和发展方向。

（2）激发认知性动机和成就性动机。优势动机在一个人的动机体系中的地位是毋庸置疑的，但仅仅靠优势动机还不够，一个人的需要是多层次的，有远期也有近期。优势动机满足远期需要，不是一时就能获得的。因此，在实现远期目标的过程中，还需要一再满足近期需要的辅导性动机来衬托和强化。例如认知性动机、成就性动机等内部动机,都会对具有远景性的优势动机起强化作用。

认知性动机是指外界输入的信息与学习者已有的认知结构期望之间不一致时,为了消除这种不一致而产生的行为动机。从认知心理学的观点来看,人是一个主动的信息加工系统,具有强烈的好奇心,从外界环境不断探索和收集信息,并试图将这些信息纳入自己的认知结构之中。所以,学生可以利用自身的"优势",通过获取适量的信息,唤起自身学习的兴趣。

成就性动机是指激励着个体努力克服障碍、施展才能、为自己认为重要的或有价值的工作而力求获得成功的一种内在驱动力。成就性动机由两种不同因素或相反倾向组成:一种称为力求成功的动机,即人们追求成功和由成功带来的积极情感的倾向性;另一种是避免失败的动机,即人们避免失败和由失败带来的消极情感的倾向性。学生可以发展自己的成就性动机,来激发学习的动力。但这种个人的成就动机应当适度,应与追求社会进步结合起来,并服从于整个社会发展的利益。

(3)调节学习动机强度。学习动机强度与学习效率并不是线性的关系，而是成倒"U"型曲线关系。

学习动机固然对学习活动起着发动和维持的作用，但这并不意味着学习动机越强，学习效果就越好。因此，学习动机作用于学习活动，有一个最佳水平的控制问题。学习动机强度的最佳水平与学习课题的难度有关：在学习比较容易的课题时，学习效率有随动机强度的提高而上升的趋势，其最佳水平则为较高的动机强度；在学习比较困难的课题时，学习效率反而随动机强度的提高而下降，其最佳水平为低于中等水平的动机强度。一般情况下，学习动机强度居中为最佳水平。

（4）积极的学习情感的培养。情感是态度的核心，是认识转变为行为的中介。因而把握学习态度，较为关键的是把握学习活动中的情感因素。培养积极的学习情感，包括以下三方面内容：

第一，选择合理且正当的需要。情感是在需要的基础上产生和发展起来的。一般来说，凡是与主观需要相符合，并能使之得到满足的事物，就会产生肯定的、积极的情感。如果人们将学习活动、求知欲望和为社会做贡献作为自己的优势需要，就会产生热爱学习、追求真理的情感。因此，在学习活动中，大学生必须明确自己的学习目的，培养合理正当的需要，以此培养积极的学习情感。

第二，认识的不断深化。情感是在认识的基础上产生和发展起来的。它与认识相互促进，认识越丰富、越深刻，情感也会越丰富、越深刻。同时，情感又可以反作用于认识活动，对某一方面事物的情感适当与否，也会对认识活动产生促进或妨碍作用。因此，学生要学会用理智来支配情感，做情感的主人，以克服自身消极的情感，防止它们对学习活动产生不利影响。

第三，发展积极的情操。情操一般有情绪和情感两种形式，是一种习得的、比较高级的情感，其表现形式有理智感、道德感和审美感，统称为高级社会情感。在学习活动中，适当的激情、饱满的热情是积极学习情感的重要保障，也是取得学习成就的内在动因。在学习过程中，人们既要保持和激发良好的情绪状态，又要通过学习活动形成和发展自己的情操，以更加理智、主动的态度投入到学习中去。

（二）原有知识

一种学习对另一种学习的影响，在心理学的研究中称为迁移，学习迁移的实质是原有知识在新的学习情境中的运用，原有知识的特点影响学习迁移的效果体现在以下三方面：

（1）原有知识的牢固程度。原有知识如果不够牢固，则很难与新的知识建立起联系，原有知识越巩固，越容易促进新的学习。可以依据记忆的规律，通过科学复习等，增强原有知识的牢固性。

（2）原有知识的概括性。同化与顺应是皮亚杰从生物学移植到心理学和认识论中的概念。根据皮亚杰的观点，在认识过程中，同化是指把环境因素纳入主体已有的图式之中，以丰富和加强主体的动作，引起图式力量的变化。顺应则是指主体的图式不能同化客体，必须建立新图式或调整原有图式，引起图式质的变化，使主体适应环境。因此，皮亚杰对同化和顺应所下的定义是："刺激输入的过滤或改变叫作同化；内部图式的改变以适应现实叫作顺应。"[1]奥苏伯尔的认知结构同化论进一步认为，"当学习新知识时，如果在学生原有知识结构中找到可以同化新知识的

---

[1] （瑞士）让·皮亚杰：《认识论》，吉林大学出版社；吉林音像出版社，2004年版。

内容,那么原有知识结构对当前的学习就有更强的可利用性。"①奥苏伯尔认为,"原有知识的可利用性是影响新的学习的重要因素,包容范围更大的、概括性更高的、上位的原有知识对新的学习作用更大。"②

(3)原有知识的可理解性。人们依据已有的经验对所学的知识进行加工处理,并用言语把它揭示出来,即是理解。如果学生的原有知识是没有理解、囫囵吞枣而机械学习获得的,或者对原有知识理解不准确,那么当学习新知识时就很难辨识新旧知识之间的异同,也就无法顺利将新知识纳入到原有知识的结构中去。

建构主义学习理论的学习观认为,学生不是信息的被动接受者,而是主动建构自己知识经验的群体,这种建构是在原有知识经验的基础上实现的,所以每个人对相同的信息也会形成各自不同意义的建构,即使在同一堂课上,不同的学生收获也会不一样。如果学生在课前进行预习,将发现的问题和涉及的原有知识进行归纳和理解,那么在课堂上就会思路清晰,能更快地抓住问题

---

① (美)奥苏伯尔等:《教育心理学 认知观点》,佘星南,宋钧译,人民教育出版社1994年版。

② (美)奥苏伯尔等:《教育心理学 认知观点》,佘星南,宋钧译,人民教育出版社1994年版。

的关键，并将新知识与原有知识建立联系，大大提高自身的学习效率。

（三）学习策略

学习策略是学习者为有效地实现学习目标，自觉地对学习活动及其要素进行调控和策划的谋略。学习策略与学习方法属于不同层次的范畴，学习方法更直接、具体、单一，而学习策略有一定的概括性。从理论上讲，学习方法属于"战术"的范畴，而学习策略属于"战略"的范畴。掌握科学的学习策略是提高学习效率的重要因素。

一般认为，学习策略包括认知策略、元认知策略和资源管理策略三种。

（四）个性品质

1. 能力

人的能力是各种各样的，按照能力表现的范围可分为一般能力和特殊能力。一般能力是指顺利完成各种活动所必需的基本能力。一般能力就是我们平时所说的智力，包括观察力、注意力、记忆力、思维力、想象力等，其中抽象思维能力是智力的核心因素。通常我们所说的一个人聪明与否，就是指一般能力，如果一个人聪明，特别是抽象思维能力强，学习效果就会更好；特殊能力是指在某种专业活动中所表现出来的能力，它是顺利完成某种专业活动的心理条件，如画家的色彩鉴别力、形象记忆力，以及音乐家的音乐表现能力、区别节奏的能力等，均属于特殊能力。知识技能的学习，也会促进能力的提高。

2. 自我意识

个体对自己学习情况的认知，由此产生的自我体验，以及自我调控的水平都影响着他们的学习方向、努力程度和创新精神等，也都影响着学习成绩。

此外，还有外部环境影响大学生的学习，如人际关系因素，教师与学生、学生与学生形成的以情感为特征的相互关系，都会影响学生的学习状态和效果。教师的领导方式也影响着学生的学习，民主型的领导方式会比专断型和放任型更有利于提高教学效率。

四、大学生学习活动的心理机制解读

大学生学习活动的主要形式有四种：按教育大纲规定的课堂学习活动；补充课堂学习的活动；独立钻研的创造性学习活动；同学互相讨论、相互启发的互相学习活动。从心理活动的作用来看，大学生的学习心理结构主要由学习动力、学习智力、学习能力和学习自我评定力等要素组成。大学生的学习心理活动是一套能动的智能结构的运动，其中，学习动机是心理动力部分，学习智力是认知结构部分，学习能力是促进发挥物质能量部分，学习自我评定力是反馈自动调节部分。具体如下：

第一，学习动力。学习动力主要是学习动机的作用形式，学习动机一般表现为强烈的求知愿望、对未知世界的好奇心及兴趣、认真积极的学习态度等，它集中表现为学习过程中的精神状态，以及诸如"愿不愿学""勤不勤学""乐不乐学"等心理活动。

第二，学习智力。智力是人脑中的各种认识组成的对客观事物稳固的、综合的反映，表现在人脑对客观事物的反映深度、广度、速度及准确度等方面。智力可以分解为七种基本的认识力：

观察力、表象力、思维力、创造力、想象力、理解力和记忆力。

第三，学习能力。学习能力是受人的智力支配的改造客观事物的各种操作动作组成的个性心理特征，它是稳定的，并会影响活动效率。它表现在人实际改变各种物体的效率、速度及精确度等方面。学习者具有的最基本的能力是：定向能力、动手操作能力、表达能力、组织能力和创造能力等。

第四，学习自我评定力。学习自我评定，作为一种心理活动，是学习者以教育、教学的客观要求为标准，对自己的学习效果自觉进行合理评价，它包括对自己的学习动机的性质、内容、方向、动力大小的自我评定，对智力、能力活动水平及效率的自我评定，对知识、技能掌握程度的自我评定。学习者自我评定力的作用是依靠自己学习活动的结果提供的反馈信息，对自己的学习活动进行的自动化调节与控制，从而发挥自我激发与自我控制功能。

第二节　大学生学习能力的培养

一、适应大学生活

（一）调整自己的方位

每个人在现实生活中，随着外界环境的变化，都要不断地调整自己的位置，使自身的需求和发展与社会的需求和发展相一致，这就需要我们尽快地调整自己，寻找自己在大学生活中的最佳位置。首先，要稳定情绪，不要被一时的不适应吓倒。其次，尽快从高考后的失落、成功和入学后的新奇中脱离出来。最后，要努力探索大学学习的特点和规律，做学习的主人。

（二）培养自信心

大学是人才云集之处，自己过去的某些优势已不再那么明显，甚至不复存在，许多大学生因此会产生强烈的自卑感，对自身的智力产生疑问，甚至失去学习的信心，所以培养自信心是至关重要的。

（三）寻找最佳的学习方法

寻找最佳的学习方法，是保证学习顺利进行并取得良好效果的一个重要前提。大学学习的一个突出特点就是以自学为主，所以围绕这个问题，大学生寻找最佳学习方法应在以下几个方面给予重视：

1. 阅读

阅读是获取知识的必由之路。当今知识的更新与发展越来越迅速，以个人的精力想要一切从头做起是不可能的。因此，掌握阅读方法，特别是学习书本知识是十分重要的。

阅读是至关重要的。但是，能阅读不等于会阅读，凡识字的人都能阅读，但是大多数人都不会阅读，区别就在于"能"阅读的人只是视读书为一个过程，把自己的头脑变成了名家名著的复印机和保存室，而"会"阅读的人能在书中找到有利于自身发展的智慧，并以此为基础去发挥自己的潜能。

2. 积累文献资料

图书馆是知识的宝库，也是无声的老师，每一位大学生都要与它多接触，成为它的朋友和学生。充分有效地利用图书馆，可以采取以下措施：第一，要提高学生的检索能力。第二，做好索引和卡片。把有用的资料按自己的方式做成相应索引或卡片，一旦需要，就可以及时准确地查找到，这样既可以节省时间，又可以提高学习效率。第三，记好笔记。在记笔记的过程中，可以随时记录当时的灵感和想法。

3. 科学运筹时间

（1）养成珍惜时间的好习惯。有人说，人的一生有2/3的时间是在睡觉、吃饭和娱乐中度过的，而真正用在学习和工作上的只有1/3。

（2）要善于安排时间。要充分利用有限的时间多去学习和工作，要巧用零碎时间，积少成多。

（3）丰富充实自己的生活。大学有形的学习只是其生活的一部分，我们还要善于从无形的学习中获取更多、更直接的知识。要充分利用好法定节假日、寒暑假的时间到社会实践中去锤炼自我，不断提升自己。

二、提高心理效能

（一）增强学习动力

增强学习动力需要内外部环境共同调节。就外部环境而言，需要有一种重视教育、重视知识、尊重人才的良好社会氛围和学校浓厚的学习、学术风气。这还依托于社会的发展、教育改革的深入，但这并不是一朝一夕就可以达到的，因此，增强学习动力需要自身的调节。

1. 确立明确的奋斗目标

要根据大学学习的规律并结合自身的特点，制订新的奋斗目标。目标的确立要注意使个人目标与社会责任联系起来，要把近期目标与长远目标结合起来，只有这样的目标才有生命力，由此产生的动力才会强烈。

2. 培养学习兴趣

兴趣是人们将注意力集中于某一对象，并伴有喜欢、愉悦的感情体验的心理状态。大家都知道，如果一个人对一件事有兴趣，那么他就会深入持久地去做。兴趣不是天生就有的，而是通过实践培养、发展起来的。

兴趣是求知的动力、热情的凝聚、行为的指向、成功的起点。所以，这就要求学生在学习中善于发现自己感兴趣的问题，并由此深入其中，逐步地从中体会到奋斗与创造的乐趣。学习兴趣的培养方法有以下两个方面：

（1）培养明确且强有力的学习动机。学习动机对学习兴趣的形成起着积极的促进作用，只有具备明确且强有力的学习动机，有对知识的渴求和对成才的强烈愿望，才会对学习产生浓厚的兴趣。

（2）扩大知识掌握的广度和深度。对知识了解的不断扩大和加深是兴趣产生的重要条件。大学生对某门课程的知识掌握越多、越牢固，产生兴趣的可能性就越大。大学生常有这样的感受：听懂了就有兴趣，听不懂就没兴趣。对专业的兴趣问题也是如此，对专业不感兴趣往往会造成其对学习不感兴趣，而对专业前景有所了解，掌握丰富的专业相关知识，就有可能逐步培养起对专业的兴趣。

3. 培养良好的注意力

可以培养良好注意力的方法如下：

（1）提高对注意力作用的认识。俄国著名教育家乌申斯基曾把注意力比喻为"获取知识的门户"，这就是说要想获得大量的知识，进行创造，就必须最大限度地开放"注意"这一门户，高度集中注意力。

（2）要有孜孜不倦的好奇心。要保持"不倦"，首先就要对所学内容不断地进行回顾和发问，这样才能永葆好奇和新鲜感。

（3）要有顽强的意志。注意力说到底是个人意志的一种表现，学习中的挫折往往是集中注意力的劲敌。因此，我们要有"败不馁"的精神，在遇到困难时要冷静观察和思考，最后做出可行性的探索。

（4）要有健康的人格。注意力在学习中起着重要作用，很多心理活动依靠注意力才能逐渐完善起来。如果没有健康的人格，就很难控制自己的注意力。爱因斯坦说："我的所为，就是想给我存在的祖国留一点儿属于我个人的东西。"显然，没有崇高的心志，就不会有爱因斯坦的相对论。

（5）建立有效的学习规律。这里包括规划固定的学习时间，选择合适的学习地点，学习要有劳有逸、有张有弛。每天可规定一段时间来全神贯注地进行学习。在这段时间里，抱着坚定的意愿把注意力集中在一项学习任务上，这样才能明显地提高学习的进度。在选择学习地点时，无论是在学校还是在家里，地点必须要舒适、安静、光线好、通风好、没有干扰。要想使头脑保持清醒、精力充沛，生活就要有规律，不要搞疲劳战术。

（6）学会运用思维阻断法。人在注意力不集中时，常常会胡思乱想，及时阻断这种纷乱的思维，对于提高学习效率是十分有效的。当胡思乱想时，把眼睛闭上，反复握拳、松开，使肌肉收缩，同时对自己说"停止"，如此重复若干次，可以帮助集中注意力。

4. 掌握记忆方法

记忆力是智慧的仓库。一些优秀人才的高智能是与他们具有很强的记忆力分不开的。然而在日常生活中，有的大学生常常因记忆力不佳而忧虑，有的同学在考试来临之前感到记忆力不够，有的同学在考试时忽然忘记考前已经记住的东西。针对这些记忆障碍，我们要采取积极的方式进行化解。

德国心理学家艾宾浩斯的记忆实验证明，记忆与遗忘总是相对出现的，在记忆的同时，遗忘就开始发生。要保持最佳记忆，就必须克服遗忘。识记后的一个小时内遗忘速度最快，遗忘量最大，而后逐渐变慢，学习过的材料过了一个小时，记住的材料仅剩下40%左右，再过一天，就会忘掉全部材料的2/3，六天之后只剩下5%左右。遗忘规律告诉我们，必须重视及时复习，从而提高学习效率。克服这种情况最好的办法就是趁热打铁，当天的功课当天消化。在复习时间上，对新学到的知识复习的时间要长一些，间隔时间短一些。

有些大学生认为记忆力的好坏是天生的，因此不注意寻求记忆的规律和技巧，以致学习效率不高，知识基础不牢。事实上，每个普通人都有强大的记忆力。现代心理学研究证明，目前，人的记忆力一般只发挥了全部脑机能的几十分之一或几百分之一。如果重视记忆，经常锻炼记忆力，又掌握记忆规律和科学的记忆方法，人的记忆就会放射出奇异的光彩。下面是几种主要的记忆方法：

（1）目的记忆法。心理学研究表明，在所有条件相同的情况下，有意识记忆的效果比无意识记忆的效果好得多。因为记忆目的明确，大脑细胞处于高度活动状态，大脑皮层形成兴奋中心而注意力格外集中，接收外来信息显得主动，大脑皮层留下的痕迹也颇为清晰、深刻。比如第二天要考试，当天晚上记忆效率就特别高，因为那时的记忆目的明确。因此，首先要加强记忆的目的性。

（2）选择记忆法。为了记忆有效，大学生还应对记忆材料有一定的选择性，去粗取精，有重点、有选择地记忆，这样才能扩大自己大脑的记忆容量。运用知识时要学会融会贯通、举一反三。因此，遗忘那些不需要的材料是一种积极提高识记效率的方法。

（3）过度记忆法。现代记忆理论认为，进入脑中的信息开始时是一种神经冲动的回路活动，经过一段时间以后，记忆痕迹才得以固定。在此过程中需要多次强化才能记忆牢固，所以要反复记忆。有实验证实，识记50个外语单词，反复次数在4次以内记忆效果一般，超过4次，记忆量就会有一个突增，到7次时，差不多可以全部记住。可见，多反复几次，记忆效果可显著提升。

（4）联想记忆法。联想记忆指通过事物在时间、空间、性质、因果等方面的联系来帮助自身记忆。它利用事物之间的接近性、类似性、对立性、因果性等关系从一事物去回忆另一事物。如学习外语，就可以把同义词、近义词、反义词放在一起学，这样容易把这些词记住。

（5）歌诀记忆法。歌诀记忆法就是将有些记忆材料编成顺口溜，这样朗朗上口，易读易记。如把圆周率3.14159编成"山巅一寺一壶酒"等。

（二）保持适度紧张

心理学的研究表明，适度的心理紧张是心理活动所需要的，它能有效地发挥智力水平，调动心理潜能，提高学习效率。

首先，提高学习的紧张度。多到图书馆、自习室、实验室等学习气氛浓厚的环境，制订内容具体、适当的学习计划，并保质保量地完成，利用对学习活动结果正、反两方面的想象产生奖惩的心理感受，从而增加学习压力，提高心理紧迫感。

其次，克服学习过程中的过度焦虑。要正确认识和评价自己的能力，调整自身抱负水平和期望目标，增强自信心和毅力；要重视努力过程，淡化结果、价值，保持愉悦稳定的情绪；探索、掌握适合自己特点的学习方法；把握学习规律，提高学习效率。

（三）预防、消除心理疲劳

一是要善于科学用脑。人的大脑左右两个半球有着不同的分工，一般来说，左半球主要负责语言、逻辑、数学、符号、线性分析等抽象思维活动，右半球主要负责想象、图形、色彩、音乐、情感等形象思维活动。而且人脑左右两个半球对身体进行交叉控制，即左半球控制身体的右半部活动，右半球控制身体的左半部活动。此外，大脑活动还有一种"优势现象"，即当大脑某一功能区的活动占优势时，可以使其他功能区的活动处于相对休息状态。所以，根据大脑的活动特点，我们应该不同学科交替进行学习，这样就能有效地预防学习疲劳，提高学习效率。

二是要注意劳逸结合。大脑工作时，神经细胞处于兴奋状态，根据神经活动兴奋与抑制过程相互诱导的规律，可以知道长时间兴奋就会转入抑制状态。当我们长时间看书学习，觉得头昏脑涨、注意力不集中时，如果不适当休息，就会使兴奋与抑制失去平衡，并有可能导致神经衰弱。因此，在学习之余应该多休息，或多参加一些文体活动，使身心都得到放松和调节，保证充足的睡眠，培养广泛的业余爱好，使生活内容更加丰富多彩。

三、培养应试能力

（一）养成良好的学习习惯

学习是持之以恒的活动。因此，我们在平时就应该养成良好的学习习惯，考试时才能得心应手。

（二）正确对待考试

考试只是衡量学习效果的手段之一，是学校教育中的一个重要环节。考试成绩并不能完全准确地反映出一个人的知识水平，特别是对能力的反映。因此，我们既要重视考试，又不能把分数看得过于重要，也不能为分数所累。研究表明，一个人的成就跟学习成绩并没有太大的关系。

（三）提高应试技巧

（1）做好考前准备。首先，在考试前4~6周就要进行"强化复习"，将一学期所学的内容做系统的整理，边整理，边思考，边记忆。以面到点，以点到面不断深化，使学的东西形成一个清晰、完整、有逻辑联系的整体，加深印象。其次，列个时间表，合理分配各门课程的复习时间，并把相似学科的复习时间错开，以免各学科间相互干扰。最后，考试前一天晚上，再用两个小时做最后一次强化来加深记忆。

（2）合理安排作息时间。不要使大脑过度疲劳，以免影响发挥，尤其是临考几天应保持充足的睡眠，这样才能保证自己头脑清醒、精力充沛。

（3）应付怯场的方法。第一，采取时间延迟。考试时，先做有把握的或较简单的题，这样可以缓解紧张情绪，还可以增强自信心（切记不要发完试卷后直接答题，要先从头到尾看一遍）。第二，积极的自我暗示。如果因考题太难而紧张，可以暗示自己："考题对大家都一样，我觉得难，别人可能觉得更难，不必过分担忧"。第三，深呼吸。闭上眼睛做几次深呼吸，这样可以有效地缓解紧张、放松身心。第四，转移注意力。当感到紧张时，可向窗外看一看，也可以提前带些含化片，以转移对紧张情绪的注意力，迅速稳定情绪。第五，寻求心理咨询。对于考试焦虑或怯场的同学，必要时应寻求心理咨询人员的帮助，通过有针对性的科学训练和心理调适改变这种状态，顺利完成考试。

第三节 大学生学习策略的掌握

所谓学习策略就是学习者为了提高学习的效果和效率，有目的、有意识地制订有关学习过程的方案。掌握学习策略能有效提高学习效率。

一、利用学习的正迁移作用

学习迁移泛指一种学习对另一种学习的影响。如果先前的学习对后来的学习产生影响，这就叫顺向迁移。反之，后来的学习对先前的学习产生影响，则叫逆向迁移。无论是顺向迁移还是逆向迁移，都会有正负两种效果。凡是一种学习对另一种学习起促进作用，都是正迁移，简称迁移；凡是一种学习对另一种学习起干扰或阻碍作用，都是负迁移，又称干扰。

（一）迁移与学习的关系

1. 迁移对学习的意义

迁移是指一种学习对另一种学习的影响，那么，凡有学习的地方就存在着迁移。因为新的学习总是在已有经验的基础上进行的，新旧知识经验之间必然相互发生作用，产生迁移效果。大学生了解和运用迁移的规律，就能够促进正迁移，做到举一反三、触类旁通，实现知识的概括化和具体化，扩大学习成果，提高学习效率。

2. 迁移对知识、技能的应用具有的意义

教育是为了未来，学生掌握知识、技能的目的在于应用，在于将来工作时，能解决面临的问题。而知识、技能的应用是与迁移分不开的。运用知识、技能解决问题的过程，也就是借助思维活动，分析概括出新的问题情境与原有的知识、技能之间的内在联系，并改组原有的知识、技能，找出解决问题的途径和方法的过程。因此，没有学习的迁移，就没有知识、技能的应用。迁移量越大，就越能顺利地应用知识技能解决问题。

（二）迁移的影响因素与促进迁移的方法

1. 迁移的影响因素

影响迁移的因素有主观的，也有客观的，主要有以下三个方面。

（1）对象之间的共同因素是实现迁移的主要因素之一，也就是说，两种学习对象之间，如果存在相同或相似的地方，主观上又能认识到这种共同因素，就可能产生迁移。因此，大学生在学习中，要善于认识并分析学习对象的相互关系，概括其共同性，以实现学习的迁移。

（2）已有经验的概括水平，是影响迁移效果的重要因素。经验概括水平越高，就越有利于迁移。

（3）学习的认识结构（即学生头脑中的知识结构）是影响迁移的重要因素。

因此，学习迁移的产生是受主客观因素制约的。

2. 促进迁移的方法

为了促进迁移，避免干扰，在学习中应注意以下三个问题：

（1）在客观上，要改革教材内容，促进迁移，改进教学方法，发展学生的思维能力。在主观上，要克服定式的干扰。在相同或相似的情境中，定式对问题的解决起积极作用，即产生正迁移，可是，在变化的条件下，定式则起消极作用，即产生负迁移或干扰。为了在变化的条件下克服定式的干扰，大学生在学习中要开阔思路，要从多角度去考虑问题。

（2）大学生要掌握学习方法，良好的学习方法能产生大量的正迁移。

（3）在学习中能自觉运用迁移规律，就能取得良好的迁移效果。如一位大学生已掌握英语，再进修法语时，就能自觉运用迁移规律，分析法语与汉语、英语在读音、语法以及学习方法等方面存在的共性和个性，主动地促进正迁移，避免负迁移，就会大大提高学习的效果。因此，大学生自觉掌握学习迁移的知识并运用其规律，对促进当前学习及今后的知识更新是大有裨益的。

二、认真对待学习中出现的"高原现象"

高原现象是指在学习或技能的形成过程中，出现的暂时停顿或者下降的现象。其成长曲线表现为保持一定水平而不上升，或有所下降，但在突破"高原现象"之后，又可以看到曲线会继续上升。

遇到高原现象，有的学生会产生畏难心理，灰心失望，停滞不前；有的学生想逾越，却又感到步履艰难。

（一）产生高原现象的原因

一般来说，产生高原现象主要有以下三点原因：

（1）在学习过程中，在获得任何知识和特殊技能时，由于新旧知识存在许多共同的因素，因而成绩进步明显。随着新技能与旧技能的差别越来越大，学生仅仅依靠旧的技能已无法满足新技能的要求，提高成绩就比较困难了。

（2）因为学习者个人状态的影响，比如兴趣降低，对所学的内容容易产生厌倦情绪和疲劳。

（3）初学时所用的方法养成了不良习惯，随着所学知识和技能的不断深入，难度增大，会出现高原现象。

（二）克服高原现象的办法

在学习过程中，高原现象对学生是挑战也是考验，如果能够善于利用，则获益良多。高原现象的到来，常常是由学习的一个阶段跃到另一个较高阶段的过程中的一个小小波折，正是进步的预兆。同时，学习是多方面的，在学习的着重点有所变化时，进步必然迟缓，改用新方法学习，在新方法未能成熟之前，总要反复尝试学习，这种反复尝试学习虽然有碍于学习进步，却是未来进步的准备阶段。

人们既然认识到高原现象是进步的预兆和准备，那么，遇到高原现象时，就千万不要气馁，只要坚定信心，保持学习热情，并注意总结经验教训，终会突破高原现象，使学习成绩达到更高层次。假如真的感到身体疲劳、学习倦怠，不妨停下来，充分地休息一下，待重振精神后，可能会更加顺利地突破高原现象。

（三）避免产生高原现象的办法

应明确的是，高原现象并非是一切学习必经的阶段。尤其在简单的学习活动中，只会有短期的波动。学习材料如果能合理使用，由易而难，循序渐进，再加上教师指导有方，也可以避免产生高原现象。

三、掌握良好的学习策略

下面介绍两种比较常用的学习策略。

（一）SQ3R 法

SQ3R 法代表浏览、提问、阅读、背诵和复习五个步骤。

（1）浏览（Survey）。这是学习的第一步，就是对学习内容进行浏览，从整体上把握文章脉络，为后续学习做准备。

（2）提问（Question）。将文章的标题及主要内容转化为问题的形式，带着问题深入阅读。

（3）阅读（Read）。根据问题提示阅读内容并寻找答案。

（4）背诵（Recite）。经过上面的过程，学习者已经理解课文中的大部分内容，此时不看课本，可通过回忆检查所学情况。大学生可以采用大声陈述和一问一答的形式，也可以采用对标题、画线词和所做笔记提问的形式进行回忆。

（5）复习（Review）。阅读过的内容如果想要在大脑中长期保持，就必须复习，通过复习加深对知识的巩固、理解，并建立有关内容的联系。可以通过自问自答的形式进行复习，实在答不出来时，再重新阅读材料。

（二）PQ4R 法

PQ4R 法分别代表预习、提问、阅读、反思、背诵和复习。

（1）预习（Preview）。这是学习的第一个阶段，快速浏览材料，对材料的主题和副主题有一个初步了解。

（2）提问（Question）。针对阅读内容提出一些问题，如根据标题用"谁""什么""为什么""何时""怎么样""哪里"等疑问句提问。

（3）阅读（Read）。针对内容进行阅读，全面了解内容，试图回答自己提出的问题。

（4）反思（Reflect）。理解所学内容的意义，包括把现在所学内容与学习者已有的知识相互联系起来，把课文中的细节和主要观念联系起来，对所学内容做相应评论，试图用这些材料去解决联想到的类似的问题。

（5）背诵（Recite）。同SQ3R法的背诵。

（6）复习（Review）。同SQ3R法的复习。

第五章 大学生的心理危机分析

第一节 大学生心理危机研判

运用创伤理论从更加宏观的角度分析大学生心理问题产生的原因，并在此基础上探讨大学生心理危机干预面临的现实困境。大学生心理危机有其普遍的发展规律，从"全方面""全动员""全赋能""全方位"四个维度构建完善的大学生心理危机干预机制，并关注大学生心理危机后的自我重建与升华。

一、研究背景与工具

（一）研究背景

大学生心理健康教育是高校思想政治教育工作的重要组成部分，提高大学生心理健康素质，增强学生承受挫折、经受考验的能力不仅有利于学生的身心健康发展，也有利于高校的安全稳定。受到当前政治经济、社会环境、社会思潮等各方面因素的负面影响，大学生心理健康受到了严峻的威胁。据调查，在我国的大学生群体中，约有16%~25.4%的学生有心理障碍，主要表现为焦虑、恐惧、抑郁等。近年来，高校心理危机事件频频发生，大学生的心理问题也呈现出多样化和复杂化的趋势，建立完善大学生心理危机研判与干预工作机制受到各高校的普遍重视，教育部印发了《关于加强普通高等学校大学生心理健康教育工作的意见》（2007年）《普通高等学校大学生心理健康教育工作实施纲要（试行）》（2007年）等文件，这些文件明确表明大学生心理健康教育工作的重要性，也为高校开展大学生心理健康教育提供了依据与思路。

然而，在当前我国高等教育普及阶段，大学生数量庞大、素质参差不齐、教育资源匮乏等问题都给高校心理危机干预工作带来了很大的挑战。当前的大学生心理危机干预机制虽然在处理心理危机行为，降低危机影响等方面有一定的作用与效果，但所有这些干预手段都是在爆发心理危机事件之后采取的，具有一定的滞后性。而心理危机，或者说心理问题最佳的处理时期应该在萌芽阶段，心理问题的预防与预判相比之下就显得更为重要。在创伤理论的指导下，探讨大学生心理问题发生的原因、表现特征，有利于更好地研判与预防学生的心理问题，并在一定程度上降低心理危机爆发的影响力。此外，创伤理论还强调创伤后的自我重建，为大学生心理危机后的成长以及高校心理帮扶育人提供了思路。

（二）研究工具——创伤理论

"创伤"起源于希腊语，最初的含义是外力对身体造成的物理性伤害。可见，人们关于创伤最初的研究，集中在外部身体方面。到了19世纪下半叶，在结合维多利亚时期与创伤有关的临床医学和19世纪末的现代心理学后，创伤的研究开始转向人的心理方面。在这方面做出卓越贡献的是弗洛伊德的心理分析学。弗洛伊德认为，"一种经验如果在一个很短暂的时期内，使心灵受到一种最高度的刺激，以致不能用正常的方法谋求适应，从而使心灵有效能力的分配受到永久的扰乱，我们便称这种经验为创伤"。① 另外，弗洛伊德还提出创伤具有"延迟"和"重复"的特征，为后来的创伤理论研究奠定了基础。

1. 创伤体验的普遍性

受到特定时期的社会背景、政治、经济、文化等诸多因素的影响，生活在同一个历史时期的人都具有一种普遍的创伤体验，这种创伤体验是时代的产物，成为一种集体无意识沉淀在每一个人心里。因此，创伤体验具有普遍性。

2. 创伤体验的延迟性

创伤研究者认为，"与时间的距离过近，或过远都无法再现创伤事件"，某一个创伤事件会在人的心理上表现出"滞后性"或"延迟性"。换言之，具体创伤事件给人的创伤体验可能具有一定的潜伏期，在这个潜伏期内，经历心理创伤的人可能跟常人并无差异，仿佛那段创伤经历早已被遗忘。但是，一旦受到某种外界的刺激，这种创伤体验就会被激活，从而给身心健康带来严重的侵害。

3. 创伤体验的反复性

创伤研究者凯西·卡露丝指出，"（创伤）病理学仅仅存在

---

① （奥）弗洛伊德著：《弗洛伊德心理学》，李文禹，李慧泉译，台海出版社，2018年版。

于经验结构或感受，（创伤）事件在当时不会被充分吸收或体验，而是被延迟并反复地侵害受创主体"。① 遭遇心理创伤之后，创伤事件的负面影响会不断地侵袭心理创伤主体，以噩梦、幻觉、回闪等形式不断浮现，使其不断回到创伤情景，反刍心理创伤的记忆。长此以往，创伤记忆会不断被累加，创伤的体验感不断得到固化加强，从而导致严重的心理危机。

二、创伤理论下大学生心理危机干预的困境分析

心理危机干预是指采取紧急措施帮助当事人解除十分紧迫的心理危机，使其症状得到缓解，甚至消失，心理恢复平和的过程。危机干预主要通过预防教育、早期预警、重在干预、后期跟踪等方式进行。大学生心理危机干预是一项系统的工程，不仅涉及面广、难度大，而且具有一定的危险性。虽然大学生危机干预已经受到广泛重视，各级教育管理部门都出台了相应的政策文件进行部署指导，各高校也都在危机干预方面积累了一定的经验，但是由于主客观因素的复杂性，当前大学生危机干预依然面临重重困境。

---

① 凯西·卡鲁斯：《创伤：探索记忆》，约翰·霍普金斯大学出版社，1995年版。

（一）危机重重——趋同时代背景下，心理问题的普遍性

目前，在校大学生大多是独生子女，很多来自农村的学生有留守经历，他们是伴随中国经济迅猛发展而成长起来的一代，也是在互联网络全方位包裹下成长起来的一代。成长在这种时代背景下的大学生，相比父辈，虽然在物质生活条件上得到了极大的满足，但大多存在抗压能力差，依赖心理强，以自我为中心等问题。当他们进入大学校园后，来到一个新环境，面临角色转换，有相当一部分大学生会出现适应不良等问题，产生焦虑、迷茫、社交障碍等一系列连锁反应，从而产生一连串的心理问题。其次，中国的高等教育发展到今天，已经顺利完成从精英教育到大众教育的转向，面对严峻的就业前景，复杂的职业市场，有相当一部分大学生会出现前途无望、希望渺茫等问题，在巨大的竞争压力中产生心理问题。最后，在以应试教育为主导的教育体系中，学校和家庭大多只关注学生成绩，从而忽视对其心理状态的关注和人际交往技能的培养，缺少对学生心理素质的锻炼与提升。在这样的时代背景之下，大学生心理问题是具有普遍性的，小到考前焦虑，大到抑郁症，如果不能进行及时介入、有效干预，就有可能爆发严重的心理危机。

（二）危机四伏——多重认知偏差下，心理问题的隐蔽性

相比身体方面的病痛，人们更容易忽视心理方面的问题，因为身体方面的疾病是有形的、具象的，而心理方面的疾病就相对抽象很多。并且，在创伤理论看来，许多心理方面的创伤具有延迟性的特点，因此很多心理问题发生的根本原因可能要追溯到当事人幼年，甚至更早的时期。在这样的情况下，很多患有心理疾病，或者有心理障碍的学生可能就很难及时觉察到自己的心理问题，更不用谈去反思原因，直到心理问题发展到一定阶段，爆发出严重的心理危机时，才被人发现，实际上已经错过了最佳的治疗时机。其次，由于担心孩子在学校会受到歧视，或者承受不必要的舆论压力，很多家长会刻意隐瞒孩子患有心理疾病的病史，甚至有些家长在得知孩子已经出现异常行为的情况下，仍然拒绝接受，甚至否认孩子心理异常的现实。由于受到传统观念的负面影响，很多家长不能够正确理解和看待孩子的心理问题，其中有不少家长认为孩子的心理问题是孩子不坚强、矫情的表现，这种认知方式在很大程度上恶化了当事人的心理问题。最后，由于对心理问题的认知错误，心理问题常常被"妖魔化"，不仅当事人

会有这种认知偏差，旁观者同样也会有这种认知上的错误，把心理问题与"精神病"等画上等号，这些认知偏差会给当事人造成很大的压力，不仅会阻碍其寻求援助，更会加重他们的心理负担，引发次生的心理问题。由此可见，多方面的认知偏差是心理问题隐蔽性的主要原因，这在很大程度上降低了心理危机干预的及时性和有效性。

（三）危机迭起——多元因素影响下，心理问题的反复性

心理问题的发生有其复杂的内在原因，还有多种多样外在的诱发因素。从某种意义上说，某些严重的心理问题是无法根治的，比如抑郁症、精神分裂等，只能去控制，避免负性事件的影响，防止心理问题的复发。而在学校中，诸如情感困扰、人际关系、学业困难、就业及升学压力无一不是负性事件，由于心理尚未成熟，在面对这些负性事件时，很多大学生不能正确地去面对处理，容易产生思想上的矛盾与冲突，引发心理危机。其次，由于导致心理问题的原因错综复杂，心理问题在矫治上具有很大的难度，很多情况下大学生的心理问题在短时间内很难得到有效的救治。如此反复之后，有一部分大学生可能就会对心理治疗感到失望，

甚至扩大到对人生产生无望感。最后，很多心理问题产生的原因是在潜意识层面的，就像海平面以下的冰山一般无从窥探，当事人以及专业的心理咨询人士也不易察觉，而这种根深蒂固的心理问题，一旦遇到应激事件，可能就会爆发出来，造成反复性的心灵上的折磨。心理问题的反复性给危机干预造成了很大的困难与挑战，不仅给当事人带来持久的身心折磨，对危机干预者来说也是一场持久战。

三、创伤理论下大学生心理危机干预的路径提升

根据创伤理论的观点，心理创伤具有普遍性、延迟性和反复性的特点，这些特点决定了心理危机干预不是一蹴而就的工作，而是系统性、长久性的工作。同样，大学生的心理问题不是一朝一夕就形成的，而是经过长久的积累，加上外在因素的诱导而产生的，其背后既有历史原因，也有现实原因。做好心理危机干预不仅要求干预者有很强的信息收集和总结能力，还要求其具有较强的预判能力，不仅能够准确鉴别、觉察出有严重心理问题的学生，而且能预估整个危机干预的效果，这些对心理危机干预来说很严峻的挑战。

（一）全方面——覆盖学生心理信息动态档案

在新生入学之初，通过查档、心理健康普查、谈心谈话、侧面了解等方式建立学生初始心理信息档案。在档案完善和更新过程中，要特别注意以下几类学生，做好重点标注：心理健康普查中有严重预警指标的学生，特别是普查中有抑郁倾向或者有自杀轻生念头的学生；查档中发现有家族遗传精神病史，或者家长有过自杀行为的学生；患有严重失眠症、情绪持续低落、性格孤僻的学生；身患重大疾病，或者残疾的学生；学业预警，多门考试挂科，或者在考试中作弊受到处分的学生；遭受重大变故，比如亲人去世、家里破产等情况的学生；家庭不完整，包括单亲、离异、重组家庭的学生。以上这几类学生是发生心理危机的高危群体，必须时时关注。要做好这几类学生心理动态信息的收集与更新，并做好及时调整与补充，可以充分反映学生的心理变化，有助于全面掌握学生近期的心理变化，及时发现一些苗头性、倾向性的问题。同时，完善学生心理动态的心理健康档案也有利于提高心理危机干预的准确性和针对性，是进行心理危机干预的最基本要求。

（二）全动员——建立"四方联动"干预机制

建立"学校—家庭—医院—社会"四方联动的危机干预机制，建立多维度的心理支持体系。心理学家强调在心理危机干预中，实现以学校为主、家庭配合、社会参与的多方面支持体系，能够为学生成长成才提供重要的保障。心理危机干预是一项系统的工程，不是仅凭一己之力可以完成的，需要多方的支持与配合才有可能达到预期的效果。学校是大学生活动的主要场所，也是各种人际关系、人际交往发生的平台，同时学校也承担着心理常识普及，以及基本的心理问题咨询与疏导工作。家庭在学生的心理危机干预中有着不可替代的作用，因为有相当一部分学生的心理问题的症结（或者说根源）在于家庭，有效的危机干预必须发挥家庭的力量，家庭的配合与支持是危机干预能够取得预期效果的重要保障。医院是心理咨询与治疗的重要场所，当心理问题发展到一定阶段，超出学校心理咨询中心所能够干预的范围时，必须及时转介专业的心理治疗与咨询医院，接受专业医生的治疗与咨询。社会支持系统的影响也是不可替代的，整个社会应该提高对有心理问题的大学生的包容度，理性看待心理问题，正面鼓励，引导社会舆论走向，避免媒体大肆渲染，给心理问题大学生造成心理负担。

（三）全赋能——提升心理危机干预者的专业技能

现阶段来看，针对学生工作队伍的危机干预培训还不够，心理危机干预机制还有待完善。在面对心理危机事件时，绝大多数教育工作者依旧凭借经验，或者根据前辈的经验进行，对于一般的心理危机事件，可能这一套思路仍然奏效。但是在新的形势下，面对新时代的学生，如果仍然采取旧的方法，可能就会有问题。因此，提升学生工作队伍的专业心理危机干预技能，参加定期的培训与学习是非常有必要的。一方面大部分教育工作者并非心理学专业出身，在鉴别、帮扶有心理问题的学生时，不能够从专业角度进行，从而导致学生的心理问题无法得到及时有效的疏导与排解，甚至会延误最佳的心理危机干预时期。另一方面，作为学生思想教育工作的第一线人员，学生工作队伍在处理学生心理问题时又具有其他专业人士所不具备的优势，而加强他们心理方面的专业技能不仅有助于提高思想教育工作的效果，还有利于增强学生工作队伍的心理素质。除此以外，年级、班级的主要干部、心理委员等也应该定期进行相关的培训，作为学生工作队伍的组成部分，他们在心理危机干预的过程中也具有不可替代的作用。由此可见，对学生工作队伍进行相关业务的专业培训，提升其对面临心理危机学生的鉴别能力，提高对心理危机的敏感度与警惕性，以更加专业的方式和方法应对心理危机事件，是提高心理危机干预效果的根本所在。

（四）全方位——健全重点学生的跟踪机制

加强重点学生危机后的跟踪与预防工作是心理危机干预的重要组成部分，也是巩固心理危机干预成果的主要方式。心理问题的反复性决定了学生心理帮扶工作绝对不是一蹴而就的事情，需要长期地跟踪、定期地观察、持久地预防，才能确保心理问题学生的稳定。考虑到存在心理问题的学生承受压力能力较差，过多的舆论压力反而适得其反，因此，对重点学生的关注与观察工作，关键在其舍友、主要学生干部的支持与协助，所以学生干部是建立追踪机制的关键所在。在心理问题学生宿舍培养知情学生，安排班级主要学生干部密切关注重点学生的动态，这种关注不仅仅局限于线下日常的学习与生活，还应该涵盖其线上的动态，并及时有效地做好汇报工作。除此之外，营造温暖友爱的宿舍与班集体，增强心理问题学生的归属感，让其体会到集体生活的和谐与友爱，对稳定其情绪，增强心理支持系统是非常有利的。因此，在危机干预的后期跟踪方面，除了打造一批"精兵良将"协助做好重点学生的关注与情况汇报工作外，更重要的是，要建立全方位的帮扶体系，构造有爱、有温度的学习生活环境，这样不仅有利于防止心理问题的复发，而且还有利于促进同学之间人际关系的和谐，从而预防新的心理问题的产生。

四、创伤理论下大学生心理危机后的自我重建

大部分学者认同一个观点："只有当创伤主体把创伤经验整合成一个'有序的，具体的'，并且基于时间与历史背景下的'言说'，才能从创伤的记忆中恢复过来"。[1]根据这个观点，我们不难发现，心理创伤的产生与愈合其实是一个破碎与整合的过程，这个过程虽然是艰辛的、困难重重的，却蕴含着更好的可能和重生的机会。大学生正处在思想和心理发展的关键时期，容易接受和适应新事物，具有较强的可塑性。从危机的字面上理解，其意

---

[1] 孔瑞：《山姆·谢泼德戏剧的创伤叙事研究》，山西师范大学，2020年版。

思是危险中蕴藏着机遇，如果心理危机爆发已成为一个既定的事实，那么如何在危机中寻找机遇是心理危机干预的一项重要议题。大学生心理危机爆发是一个发现问题、寻找症结的过程，而危机干预后的恢复是一个自我完善与提升的过程。

（一）认知的自我重建

由于缺乏全局观念和足够的生活阅历，大学生容易片面地看待问题，有心理问题的学生更甚，他们在看待问题时往往秉持着"非黑即白"的态度，情绪化和极端化特点显著。认知偏差是造成心理问题的重要原因之一，生活中总有大大小小的负性事件，在面对同样一件负性事件时，心理调适能力强的人能够很好地进行自我疏导与排解，而心理调适能力差的人就容易陷入思维的"死胡同"无法自拔，从而爆发心理危机。心理危机干预的重要环节就是帮助当事人学会正确地看待问题，以更加全面的视角去看待生活中的挫折，并且学会在逆境中寻找希望。认知的自我重建对大学生的心理健康而言是至关重要的，因为心理问题存在复发的可能，如果不改变以往错误的认知观念，在面对新的挫折时就可能会再次出现心理问题，甚至爆发出更严重的心理危机。因此，在心理危机干预中，除了给予当事人外在的鼓励与帮助以外，更要引导学生去勇敢地面对问题，理性地分析问题，以更加客观的方式去看待挫折与困难，积极寻找更好的可能和美好的希望。

（二）价值观的自我重建

具有心理问题的学生往往自我评价过低，或者自我价值感较低，往往会有"自己很没用"或者"自己不值得被爱"的想法，在面对困难与挫折时，容易退缩与逃避，甚至一蹶不振。常常抱有这种想法的学生会陷入一种死循环，在事情还没做的时候，就想到了很多失败的结果，从而消极应对，自我放弃。而一旦结果出来以后，如果是失败的，他们又会有一种"自证"心理，认为自己就是这么差劲，这种结果是理所应当的。在处理这类心理危机时，危机干预者应该侧重给予他们成功的体验，肯定其克服困难与挫折的能力，激发和挖掘其积极的力量，让他们看到自身的价值和潜能。同时心理危机的克服对他们来说，也是一次不可多得的成功体验，引导他们在心理危机干预中发挥自身的力量，看到自己无限的可能是其完成自我重建的关键。

(三)心理弹性的自我重建

"心理弹性"的英文是"Resilience",用于表示个体面对生活逆境、创伤等重大生活压力事件时的适应程度,即面对生活压力与挫折的"反弹能力"。有研究表明,心理弹性较高的人与较低的人相比,在经历挫折与压力事件时,有更好的适应能力,更容易避免心理障碍的发生。应激事件是引起心理变化的外在原因,而面对应激事件时的心理承受能力是心理危机是否产生的关键所在。心理承受能力弱、适应性差的大学生在面对新环境、新问题时,心理防线容易出现崩塌,易产生恐惧、抑郁等一系列不良的反应,进而爆发严重的心理危机。在爆发心理危机后,通过有效的干预、心理疏导、团体辅导等形式,可以有效提高当事人的心理弹性。在经历困难与挫折以后,经过心理危机干预后的学生会对困难与挫折有更加深刻的认识,会以更加积极勇敢的心态面对生活中的各种不顺遂,其人格中积极的因素可以得到激发。增强大学生心理弹性的意义在于提高其承受挫折、经受考验的能力,在危机后获得成长,实现从"他助"到"自助"的过渡,这是心理危机干预的终极目标所在。

（四）支持系统的自我重建

大学生要维持心理健康，需要有来自亲人、朋友、同学等多方面的心理支持系统。有一些大学生的内心比较封闭，即使有心理问题也不愿意向周围人倾诉，长此以往，一旦超越心理承受能力，必然会引发心理危机。心理危机的爆发往往是因为积累了太多的负面情绪无法得到及时的排解，无法找到宣泄的出口。而那些有心理问题的学生的背后，往往是糟糕的家庭关系或者不良的人际关系，在出现心理问题时，没有强大的心理支持系统，就容易导致心理危机的爆发。心理危机的爆发是重建支持系统的良好契机，因为心理危机的产生必然会引起当事人家庭的高度重视，让当事人的家长看到事态的严重性，有利于唤起亲情方面的支持系统。在危机干预中引入家庭的参与不仅是重要的，也是非常必要的，一方面大多数心理问题产生的根源在于原生家庭，探究家庭因素是找到心理危机致因的关键所在；另一方面，家庭的支持系统是帮助大学生战胜心理危机的坚实后盾。在心理危机干预后，当事人与家庭的关系会得到一定程度的缓解，父母与子女能够在心理危机中学会更加恰当的相处与沟通。

关注心理问题是培养健全人格的前提，大学生是社会主义的建设者和接班人，心理健康教育是高校育人绕不开的环节。然而受到主客观因素的影响，大学生心理健康受到严峻的威胁，心理危机事件时有发生，对高校的安全稳定造成一定的危害。创伤理论从更加宏观的角度分析大学生心理问题产生的原因，并在此基础上探讨大学生心理危机干预面临的现实困境，进而提出心理危机干预的优化路径，具有一定的理论借鉴意义。同时，创伤理论也关注心理危机后的自我重建，为高校心理帮扶育人提供了思路。

第二节　大学生心理危机的识别

大学生心理危机的识别与有效应对对于促进大学生心理健康、确保校园安全稳定、筑牢学生心理安全防线具有重要意义。本节对新时代大学生心理危机的表现、类型、特点、成因等进行了分析，并结合实际，向大学生提出了善于觉察、勇于面对、敢于求助、乐于配合的心理危机自我应对策略。

一、新时代大学生心理危机的含义表现

（一）什么是心理危机

心理危机是指个体或群体运用习惯的应对策略无法应对目前所面临的困境时的一种心理失衡、失序或失控状态。通常只有符合下列条件的才算是心理危机：①有诱发性事件或行为的异常变化。个体在躯体、认知、情绪、意志和行为等方面的出现异常，如出现抑郁、恐惧、过度悲伤、突然愤怒、时常心慌、手脚冰凉

等心理、生理的变化。②个体用平时的应对方法无效，因而产生无助、无力和绝望感等。

心理危机对人的影响是双重的：一方面，它会给人带来巨大的冲击，损害人的身心健康，甚至给未来生活留下阴影。另一方面，心理危机能够历练心智，危机中也潜藏着机遇，它能促使个体充分调动心理资源去应对困难，获得再生。

（二）心理危机个体的典型表现

一是认知变化，如悲观失望、自我评价降低、生活意义感缺失、学习兴趣下降等。二是生理变化，如失眠、食欲不振、头痛眩晕、心跳加快、呼吸短促、胸口疼痛、手脚冰凉等。三是情绪变化，如情绪低落、焦虑不安、无故哭泣、意识范围变窄、忧郁苦闷、喜怒无常、易激怒、持续不断地悲伤、自制力减弱等。四是行为变化，如个人卫生习惯变差、自制力丧失、过分依赖、孤僻独行、无缘无故生气或与人敌对、人际交往明显减少、行为紊乱或古怪、丢弃或损坏平时珍爱的物品、酒精使用量增加等，较为严重者甚至会产生自杀念想，与身边人谈论死亡或与死亡有关的问题时有自我倾向性。

二、新时代大学生心理危机的主要类型

（一）境遇性心理危机

境遇性心理危机，是指在生活中出现的由于个人对其无法预测和控制的罕见或超常的事件而产生的危机。境遇性危机带有随机性、突然性、强烈性、意外性、震撼性和灾难性等特点，如意外交通事故、绑架、突发的重大疾病、亲人或好友的死亡、父母离异、重大自然灾害等。比如，面对失去亲人的创伤后应激障碍，是典型的境遇性心理危机。这种危机由于事发突然、变化剧烈，给当事人带来极大的震动，容易引发剧烈的心理反应，如果处理不当，则会产生严重后果。

（二）冲突性心理危机

冲突性心理危机也叫存在性心理危机，这是一种伴随着重要的人生问题而出现的内部冲突和焦虑。这是一种基于现实性冲突的危机，如理想与现实的冲突、多重驱避冲突、回避冲突等。这种危机往往与重大的人生问题和选择相关联，如人为什么活着、活着的目的和意义是什么等。比如，现在部分大学生存在"空心病"

现象，对自己生活或者学习的意义感到困惑、迷茫，不知道学习乃至人生的价值和意义，对学习生活工作的兴趣不浓，有些时候会莫名情绪低落，感到非常孤独，注意力不集中，甚至无精打采，这是一种典型的冲突性心理危机。冲突性心理危机不易觉察，持续时间长，内心痛苦大，也容易出现极端事件。

（三）成长性心理危机

成长性心理危机也叫发展性心理危机，这是一种伴随每个人一生中不同阶段都会出现的危机。如环境适应、人际矛盾、恋爱困扰、婚姻困境、家庭冲突、学业压力、考试焦虑、就业困难等。成长性心理危机表现不剧烈，进程缓慢，持续时间长，一旦成功化解，将有助于大学生朝着更加成熟的方向发展。但如果成长性危机事件已远远超出当事人的应对能力，则需要进行干预。

（四）病理性心理危机

病理性心理危机是由某些严重心理障碍、神经症或精神病性问题所引发的心理危机，比如抑郁症、焦虑症、强迫症、恐惧症、精神分裂症等。也有的是由失范行为或犯罪行为引发的危机，比如品行障碍、违纪违法等。病理性心理危机需要进行专业的干预才能解决，精神病性的问题必须接受精神科专业医生的诊疗。

三、新时代大学生心理危机的特点分析

（一）时代性

当前大学生大部分为"00后"，他们面临的心理危机具有鲜明的时代性。当代大学生面临的学业困扰、就业困难、创业困境、婚恋压力、房价压力、舆论压力等都呈现出新的特点，除了焦虑、抑郁、强迫等常见的心理问题，"空心病""佛系"等现象也成了当代大学生生动的心理写照，大学生还经常面对着理想与现实的冲突、自我与他人的冲突、驱动与回避的冲突。此外，还面临着贫富差距、环境污染、隐私泄露、健康隐忧、风险隐患等诸多不确定、不安全的因素。这些问题一旦应对不好，就很容易产生心理危机。

（二）易感性

正处于青年初期的大学生是心理危机的易感人群。大学时期年龄一般都在18~25岁，虽然生理成熟，但心理发展处于由不成

熟向成熟发展的过渡阶段，社会化发展相对滞后，认知容易出现偏差，心理容易出现各种矛盾与冲突，心态容易失衡，情绪容易失控，存在潜在的风险。如果负性情绪蓄积太久，容易做出极端和偏激的行为，引发极端事件。近年来，大学宿舍发生的几起典型的事件就是深刻的教训。

（三）多重性

当代大学生个性张扬、价值观念多元多样，大学生对一些问题和看法的认知能力有限，辨别是非真伪能力不强，容易引发各种内心冲突。比如，对对错真假存在困惑，对书本描述和现实不符的疑惑，面对身边各种过度消费、超前消费、攀比消费等现象，是否该继续保持节俭的消费观？面对市场经济的冲击，该追求金钱和享受还是继续坚守心中的理想？这些困扰都容易引发大学生的心理冲突和危机。

（四）动力性

心理危机伴随人的一生，只要人活着，就会有危机。在大学生活中，随着角色转化、环境适应、人际交往、恋爱受挫、学业压力、就业焦虑等出现的心理危机并不都是负面的，机遇与风险同在，挑战与考验并存，危机与成长共生。一些心理危机具有动力作用，能够促使大学生在应对危机中增强积极心理资本，变得更加自信、乐观，更具韧性、活力，获得更多心理成长的力量。

四、新时代大学生心理危机的产生原因

（一）角色转换难以适应引发心理危机

在成长和发展过程中，每个人的角色都会随着时间地点和条件的变化而变化，但如果不能较好地适应，就容易引发心理危机。从高中学习到大学学习，学习方式、内容和途径都发生了很大的变化，有的同学难以适应大学"放养式"的学习模式，因此感到不知所措，有的同学对于自己没能考上理想的大学而灰心丧气。从家庭生活到宿舍生活，有的同学第一次尝试集体生活，与同学在生活方式、兴趣爱好等方面存在很大不同，又不懂如何与同学进行正确的沟通，因此容易产生摩擦和矛盾。此外，部分大学生可能还会遇到异地上学水土不服、宿舍矛盾、人际冲突、失恋、挂科，甚至家庭变故等多重生活应激源，这些都是大学生心理危机产生的原因。

（二）多元价值深刻冲击引发心理危机

随着高等教育普及率日益提升，高等教育的供给数量得到了极大丰富。但以陈晨明为代表的一批学者通过对高等教育的人才培养跟踪分析，发现高等教育的供给质量没能得到有效提升，出现了人才培养供需之间不一致的现象，主要体现在学校给予求学者的知识技能与求学者潜在的知识技能需求不一致、与用人单位对劳动力的工作岗位技能需求不一致，即高等教育在人才培养方面出现了结构性失衡现象。具体到人才培养的各个环节上，主要体现在以下三个方面：专业设置与社会经济发展需求的不匹配，课程资源建设内容与行业企业对知识技能的要求不匹配，求学者的实操技能与工作岗位的实际需求不匹配。

（三）现实社会转型变革引发心理危机

当前，我国社会正处于全面转型变革当中，经济发展处于由中高速增长到高质量发展的转型升级阶段，发展不平衡不充分的问题突出，传统行业深受挑战，社会竞争激烈，生活节奏加快，部分地区环境污染较为严重，这些都很容易引发大学生的焦虑和不安全感。加上有的高校专业设置与人才培养模式同社会市场不接轨，无法满足社会的需求，人才培养与市场需求不匹配，大学生就业难度加剧、创业风险增加，甚至有的学生一毕业就面临失业的处境，这也给部分大学生带来了潜在的危机。

（四）网络世界险象迭生引发心理危机

当代大学生是互联网时代的"数字土著民"，他们从一出生就开始接触互联网，深受互联网的影响。大部分学生习惯于通过QQ、微博、微信等新媒体进行虚拟社交，通过百度、知乎、搜狐、手机APP等进行网络平台收集资料、获取信息，通过支付宝、天猫、当当、京东等网络交易。部分大学生整天沉迷于"王者荣耀""英雄联盟""吃鸡"等网络游戏，喜欢通过直播、抖音、自拍等方式进行自我呈现。网络已然成为当代大学生学习、娱乐、消费的重要场域。但网络风险也无处不在、无时不有。如今，网络攻击、色情、诈骗等现象时有发生，各种网络乱象层出不穷，网络舆论经常一触即发，大学生很容易成为网络生活的受害者。有的大学生深受校园贷、网络诈骗等的伤害，导致出现抑郁、焦虑、恐惧、失眠等各种心理和生理方面的非适应现象。网络风险呈现出各种新的形式和形态，都容易引发大学生的各种心理危机。

五、新时代大学生心理危机的自我应对

（一）善于觉察

觉察是应对危机的第一步，也是改变现状的基础。大学生在遇到心理危机时，首先要觉察自己对危机事件和自我的认知、情绪和感受。经常问问自己现在的认知是否存在以偏概全的偏差？目前的情绪状态有利于应对危机、解决问题吗？要经常问问自己真正想要什么、能做些什么，哪些是通过自己的努力可以控制的，哪些是不可控制需要主动适应的。要经常进行积极的自我暗示，善于觉察自己拥有或可以利用的资源，给自己赋予积极的能量和力量应对危机。

（二）勇于面对

遇到心理危机并不可怕，可怕的是不敢去面对它，选择逃避。大学生要认识到心理危机是普遍存在的，当遇到危机时，要全面分析危机发生的原因，辩证看待心理危机带来的影响，多看到心理危机的积极意义。要相信"否极泰来""不经历风雨怎能见彩虹"的道理，不要总是怨天尤人，要学会在困境中把握机遇，获得成长。

（三）敢于求助

"自助者天助"。大学生要增强"自己是心理健康第一责任人"的意识，遇到心理危机要主动寻求帮助，不要等待，可以将自己真实的困难和痛苦告诉值得信任的人。"一个篱笆三个桩，一个好汉三个帮"，大学生要相信有人愿意提供帮助和支持，既可以向辅导员、学校心理咨询中心寻求帮助，也可以向心理热线或校外的心理咨询人员寻求帮助。

（四）乐于配合

如果寻求心理咨询，要积极配合心理咨询师。心理咨询并不是一次就能解决心理危机，可能需要反复多次去见咨询人员或心理医生。如果到医院精神科诊疗医生有开药，要严格按照医生的嘱咐坚持服用，不能擅自断药。特别是对于存在严重心理问题、神经症和精神病性问题危机的学生，更需要积极配合治疗，才能有效度过危机。

第三节 大学生心理危机干预

为了解决日益普遍、严峻的大学生心理危机问题，本研究提出了积极心理学视角下的心理危机干预模式。一方面，要从"内生力量"和"社会支持"两个方面强化大学生心理危机应对的积极力量，实现从"救火队"工作模式到"防疫者"工作模式的积极转变；另一方面，重视"以幸福为中心的生命教育"和"以逆商为中心的挫折教育"的积极心理危机预防工作，践行"基于积极心理品质测查的心理潜能激发"和"基于积极心理支持建构的心理资本聚力"的积极心理危机干预工作，实现"被动干预"到"主动预防"的积极转变。

意外人身伤害、公共卫生事件、突发自然灾害，包括作弊、失恋、求职等心理应激事件给大学生带来了难以承受的心理危机，可能会导致自杀等悲剧，因此高校的心理危机干预工作受到了教育相关部门、高校和学生家庭的高度重视。但是当前的大学生心理危机干预工作还存在着预防不足、干预滞后、干预不彻底、干预病理化等缺陷，本小节将基于积极心理学在大学生心理危机干预中的适用性分析，提出大学生心理危机的积极应对结构和大学生心理危机干预的实施路径。

一、积极心理学在大学生心理危机干预中的适用性分析

（一）突发应激事件的不可控性与积极化心理危机预防的重要性

意外事故、自然灾难、公共卫生事件等突发应激事件的发生都具有不可控性，甚至具有一定的必然性，这就使得有观点认为心理危机预防是一个难以实现的"伪命题"。心理危机干预理论创始人卡普兰认为心理危机是个体在遭遇突发重大应激事件时，运用常规应对方式无法解决后，出现情绪混乱、行为偏激或人格解体的心理失衡状态。如此来看，突发性的心理危机事件并不是心理危机出现的充分必要条件，个体的心理应对品质也是决定是否出现心理危机的关键因素。这就意味着尽管心理危机事件的出现是不可控且无法绝对预防的，但是从优化个体心理应对品质的角度可以做到对心理危机的预防。

突发危难事件的不可控性决定了心理危机是一种常态，特别是对心理矛盾性明显、抗逆力脆弱的大学生群体而言，心理危机具有较大的人群普遍性、发生常态性和后果恶劣性，这就要求高校的心理危机干预工作要着力提升大学生的积极心理品质。积极心理学倡导以个体的积极情绪体验、积极人格品质和积极组织氛围为工作要点，优化个体的辩证思维、勇气、意志、善良、自控、乐观和希望等积极心理品质，一方面以积极的应对方式面对生活中的危难，达到降低心理危机发生概率的目的；一方面凭借积极的心理品质抗御心理应激事件，达到降低心理危机伤害性的目的。因此，积极心理学是大学生心理危机工作创新变革中的重要思路，危难事件无法先知、难以预防，但是抗击心理应激事件的积极心理品质却是可以未雨绸缪、尽早提升的。

（二）传统心理危机干预的病理化与积极心理学危机干预的优越性

传统的大学生心理危机干预以"哀伤辅导"为主要工作思路来处理应激事件给大学生带来的心理失衡，以症状的出现作为危机干预工作的起始点，也以症状的消除作为危机干预工作的结束点，这种危机干预模式具有一定的心理治愈作用，但是也存在着一定的不足：①心理危机处理不彻底。"哀伤辅导"为代表的心理危机干预模式更多的是运用情绪舒缓、放松减压和社会支持等方法实现干预对象的短期心理适应，而造成心理危机的根本原因（社会认知偏差、心理韧性不足和危机易感性强等）没有得到深层解决，这就无法避免同类事件继续对危机对象产生严重不利影响的可能性。②心理危机的后续追踪不足。事实上，危难事件造成的心理危机往往具有潜伏期，如创伤后应激障碍通常出现在强奸、致残、丧亲等事件的三个月后。③心理危机干预对象不全面。灾难幸存者和灾难急性心理障碍不明显的大学生也是心理危机干预的重要对象，可能会遭受"污名化标签""社会性歧视"和"自罪倾向"等心理危机。

一些高校在心理危机干预工作中还存在行政化思维，在学生陷入心理危机后首先以维护校方的"良好形象"为目的开展危机公关、责任处分等工作，或者粗暴地把学生的心理危机处理工作交给家长或医院等机构。

积极心理学视角下的心理危机干预不再止步于心理应激状态的解除，也不再单凭危机干预人员的专业力量开展心理危机干预，而是激发危机干预对象的积极心理潜能来对抗心理危机状态,并且注重干预对象在危机处理过程中的积极品质塑造以防范将来可能出现的心理危机,具有更加深刻和长效的治疗意义。

(三)当前心理危机预警的滞后性与积极心理危机干预的必要性

传统的高校心理危机干预基本以事后干预为主,通常在心理应激事件出现后或心理危机产生后才采取相应的应急干预措施。如今,大部分高校心理危机干预都引入了"学校心理健康中心(专业咨询师为主)——院系(辅导员为主)——班级(心理委员)——宿舍(心理联络员)"的四级心理危机预警机制,希望以此防患于未然。然而这一系统化程度很高的心理危机预警机制依然只起到"亡羊补牢"的作用,未能摆脱滞后的问题。四级心理风险防控系统是一个垂直组织,任何一个节点人员的专业性和尽责度都会显著影响到心理危机干预的及时性和有效性,然而这些节点人员的专业性和尽责度并没有绝对保障。四级心理风险防控机制依然是以危机事件和学生的异常反应为基本汇报指标,做到了"早发现"的心理防控目标,无法从根本上预防心理危机的出现。

从"被动干预"到"主动预警"体现了高校心理危机干预工

作的进步性，但是都存在滞后性的缺陷。积极心理学实现了从"被动干预"到"主动预警"再到"积极预防"的升级变革，工作场景从突发危机事件转移到了日常的积极心理教育中，工作对象从心理危机对象转移到了全体的大学生群体中，工作目标从危机状态的解除转移到了积极心理能量的塑造中，工作思路从及时预警和快速干预转移到事先预防和积极防控中。据此，本研究进一步提出了积极心理学视角下的大学生心理危机干预的框架设计和实施路径。

二、积极心理学视角下的大学生心理危机应对结构探索

不同于其他的心理危机干预模式，积极心理学视角下的大学生心理危机干预更加重视大学生自身对心理危机状态的积极应对、主动防范与正向抵御。心理学家勒温在社会行为的形成中提出了 $B=f(P, E)$（B，Behavior 行为，P，Personality 性格，E，Environment 环境）的模型，社会行为是个体内在因素和社会环境综合作用的结果。大学生的心理危机是其常规应对方式无法承受外在危机事件刺激时出现的心理紊乱状态，那么，大学生的心

理危机积极干预模式就需要一方面着力优化其内在的积极应对力量，另一方面要在提供必要的外在支持的条件下重点提升其社会支持领悟能力和运用能力。

（一）内生力量

大学生心理危机应对的内生力量是大学生自身所具备的对抗心理危机压力时的心理资本。积极心理学认为，个体存在着消极和积极两种此消彼长的心理能量。当个体出现心理障碍时，既可以通过降低消极能量的方法直接解决心理危机，也可以通过建设积极心理能量来对冲心理危机的负面影响，并且后者具有更大的可能和更快的效能。大学生心理危机的内生力量主要包括积极归因风格、积极人格品质、积极能力品质和积极危机意识四部分。

1. 积极的认知风格

大学生在面对突发性应急事件时最先、最快起作用的便是其对危机事件的认知风格。认知风格不是根据事件的特殊性出现的具体化认知方式，而是一种自上而下的常规化稳定认知模式。换句话说，并不是危机事件决定了某个大学生会持有某种必然的消极认知，而是某个大学生的认知风格决定了他对危机事件的看法与评价。正如心理学家埃利斯的 ABC（Activating events Beliefs Consequence）理论所述，导致心理问题的不是客观事件本身，而是对客观事件的看法和评价，绝对化要求、过分概括化、糟糕至极等不合理信念是心理危机出现的重要预测变量。

相同的危机事件发生在不同的人身上会有不同的结果，其中起着调节作用的便是个体的认知风格。心理学家研究表明，把消极事件归因为内在的、整体的、稳定的因素更容易导致抑郁等心理问题，而把消极事件归因为外在的、局部的、不稳定的因素则不容易发生心理问题。前者为抑郁型归因风格，后者为乐观型归因风格。积极心理学认为个体的认知风格、归因风格或解释风格是后天习得的，通过积极训练个体可以具备乐观型归因风格，这一内生积极力量将有效地降低心理危机的发生概率。

2. 积极的人格品质

研究表明，出现心理危机的大学生个体通常具有性格内向自卑、孤独冷漠、自尊水平较低等共性特征。这就说明人格是大学生心理危机的重要区分变量，积极人格品质在抵御心理风险上具有较大的优势。积极心理学非常强调积极人格品质在心理治疗和个体发展中的作用，甚至认为积极心理品质的发展就是个体发展的目标。

"乐观""希望"等积极人格品质能够帮助大学生在危机当中看到新生,激发转危为机的潜能;"友善""社交智慧""团队精神"等积极人格品质能够帮助大学生获取社会支持、增强协作能力,解决心理危机或走出现实困境;"坚韧""勇敢""热情"等积极人格品质能够帮助大学生增强心理弹性,直面突发应激事件带来的苦难。总之,在积极人格品质有优势的大学生,一方面能够降低心理危机易感性,从而不易落入心理危机的困境中;另一方面也能够积蓄充分的积极心理能量从而克服心理危机。

3. 积极的能力品质

如果说人格和认知风格是大学生心理危机应对的恒定、被动资本,那么,积极的能力品质是大学生积极应对心理危机的主动内生力量。能力是个体顺利完成某种任务的基本心理条件。心理危机的解除需要大学生凭借强大的挫折耐受力和灵活的心理调控力来实现。针对大学生常见的心理危机,有效的积极能力品质包括挫折耐受力、情绪调控力和幸福获取力。

第一,挫折耐受力。挫折耐受力是指个体在遭遇挫折时能够抗御心理压力,避免心理失衡和行为失常,走出心理困境的能力,也有研究把这一种能力称为心理韧性、心理弹性或心理逆商。挫折耐受力强的大学生能够在突发应激事件发生后依然保持生命的活力和生活的热情，积极从自身角度寻求问题解决方法以突破困境，而不是自怨自艾或者怨天尤人。

第二，情绪调控力。大学生的心理危机状态通常伴随着抑郁、焦虑、愤怒或恐惧等消极情绪状态甚至情绪崩溃状态。这就需要大学生具备认知调节、人际调节、宣泄调节等情绪调控手段和冥想、腹式呼吸、肌肉松弛、睡眠节律调节等放松减压方法，以此较快地走出负面情绪的困境。

第三，幸福获取力。积极心理学视角下的心理危机应对策略不止步于危机状态的解除，而是从根本上增强大学生的幸福感来对冲已然存在的心理危机和预防可能出现的心理危机。这就需要大学生具备积极的幸福价值观和幸福获取力，一方面辩证地看待生命的价值和生活的意义追求自我实现式的心理幸福，另一方面以豁达的态度接纳生命中必不可免的危难并从中寻求"痛并快乐着"的幸福。

4.积极的危机意识

除了积极的认知风格、人格品质和能力品质外，积极心理学视角下的大学生心理危机应对还必然地包括大学生对心理危机的基本意识。积极的危机意识是有效调动积极认知风格、积极人格品质和积极能力品质的原动力。

首先,合理化对危机的认识。突发事件、意外事故均在正常的防范能力之外具有不可控性。大学生的心理正处于自我同一性的延缓偿付期具有矛盾性、脆弱性和不成熟性,再加上学习困难、考研(升本)失利、作弊被抓、失恋分手、求职失败等危机事件时有发生,这就导致当代大学生的心理危机是一种常态,对自己可能出现的心理危机持有淡定、平和的心态。

其次,积极的危机求助意识。已有研究表明,不少身陷心理危机的大学生并没有一开始就寻求社会支持和外力帮助,甚至已经走到自杀边缘的一些大学生也没有向他人发出求救信号。尽管可以从"习得性无能为力理论"的层面上理解遭遇心理危机的大学生已然丧失了求助的信心和效能,但是没有明确的求助意识确实会让本来不会发生的悲剧重复上演,这就愈发彰显出在日常心理教育中提升大学生心理危机求助意识的重要性和必要性。

（二）社会支持

积极心理学的三大研究领域包括积极心理品质、积极情绪体验和积极社会组织。前两者是大学生积极应对心理危机的内生力量，而积极社会组织会以外在支持方式影响大学生应对心理危机的效果。

1.社会支持的建设与重构

人是社会性的群居动物，社会支持对人的心理健康状态和心理问题解决起着至关重要的作用，尽管身陷心理危机的大学生更多地要凭借内生力量来处理心理危机，但是撬动危机解决的支点或者起点是社会支持系统的建设与重构。

第一，情感支持系统的建设与重构。大学生在应对心理危机时需要充分的情感支持和心理帮扶，学校心理咨询师、辅导员、班主任是重要的引导者和鼓励者，特别是家庭的支持和同辈的辅导在大学生心理危机康复中起到至关重要的作用。这就需要大学生一方面要建构合理的心理支持网络，另一方面要基于对自己情感支持网络的审视，重构强有力的情感支持系统。

第二，赋能支持组织的建设与重构。教育、卫生、民政、政法、公安和团委等系统都是大学生心理危机干预的重要赋能机构、支持组织和干预力量。高校的心理危机干预要积极引入各种心理危机干预的有效力量，大学生要从多个层面、多个角度、多个系统中寻求现实问题的解决方法和心理危机的支持力量。

2.社会支持的领悟与运用

已有研究表明，身处心理危机的大学生并不一定是缺乏社会支持，而是他们未能感受到社会支持网络带来的正向支持，或者不能恰当地运用社会支持使之转化为心理支持。这就需要引导大学生积极地看待自己所拥有的社会资源和心理支持，充分地运用自己的社会支持网络。

相比较于社会支持的建构与重构，社会支持的领悟与运用是积极心理学视角下的心理危机干预模式更加重视的因素。一定程度上，某一大学生所拥有的社会支持网络的数量、性质和质量是一个既定的常量，很难短时间内实现质的变化，但是对社会支持的领悟与运用可以通过积极引导和积极训练实现显著优化。

综上所述，积极心理学视角下的心理危机应对结构应包括积极认知风格、积极人格品质、积极能力品质、积极危机意识等内生力量和社会支持的建设与重构、社会支持的领域与运用等社会支持，本质上实现了以危机干预人员为主导的"救火员中心模式"到以心理危机干预对象为主导的"防疫者中心模式"的转变。

三、大学生心理危机工作的积极化路径

不同于传统的心理危机干预模式，积极心理学视角下的大学生心理危机工作更加重视心理危机的常态化预防工作，并且不只是刻板式地开展心理健康教育课程，而是以"积极心理学"为灵魂引领科学化、具体化的积极心理危机预防教育活动。同时，积极心理学视角下的心理危机干预工作也不再是"明知不可为而为之"地去解决现实困难，也不只是单纯地解除或被动地接受当前的心理失衡状态，而是通过激发干预对象的积极潜能来长效、彻底地解决心理危机问题。

（一）积极心理危机预防

1. 以幸福为中心的生命教育

心理危机，特别是自杀等严重心理危机威胁着大学生的生命健康安全。生命教育对预防心理危机有着极大的必要性。

以积极心理危机预防为目的的生命教育的核心是让全体大学

生意识到生命的价值以及存在的意义,让大学生掌握幸福的能力、快乐的真谛。一些大学生认为幸福是远高于"活着"的生命层次,这从根本上降低了生命的意义,夸大了幸福的难度。事实上,生命的全部意义就是幸福,而幸福的条件只需要保证自己活着即可。儒家讲求以"仁"为核心的精神富足给自己带来的幸福,"一箪食,一瓢饮,在陋巷,人不堪其忧,回也不改其乐",[①]正是因为颜回可以在"仁、义、礼、智、信"中实现自己的人生价值,陋室中的温饱生活也无法击垮颜回的幸福心态。道家讲求以"无为"为核心的天人合一给自己带来的幸福,"祸福无门,唯人所召",祸福得失是自然规律,喜怒哀乐是心理常态,看淡得失就是幸福的能力。当然看淡得失的"无为"不是避世、沉沦,如庄子所言"物物而不物于物",追求成功、物质等外物并没有问题,但是不要沉迷于外物。这就显示了一个人的幸福可以超越现实的得失忧患之上。

以幸福为中心的生命教育的重点不在于是否到达"或然"的幸福,而在于能否从"实然"的幸福出发,以乐观的态度审视生活,以豁达的态度面对失败,以幸福的态度享受生命。据此,本研究

---

① 出自《论语·雍也》。

认为与其说幸福是一种状态或体验，不如说幸福是一种能力或观念，通过以幸福为中心的积极生命教育必然会优化大学生的幸福观，增强大学生的幸福力，最终体验到持续的、真实的幸福感。

2. 以逆商为中心的挫折教育

心理危机是个体的常规应对方式和既有心理资本无法抵御突发的、重大的心理应激事件的结果。这就需要积极心理学模式下的大学生心理危机预防工作要着力增强大学生应对突发应激事件时的积极心理资本。

大学生正处于自我同一性的心理延缓偿付期，有着较为旺盛的自我探索需求和较为沉重的人生发展任务，学业困难、就业困难、恋爱困难、社交障碍、家境悬殊等因素对大学生的心理考验不断普遍化、严峻化，再加上00后大学生独生子女的比例较高，普遍存在着挫折耐受力较弱的心理特点，这就导致当代大学生对心理危机事件的风险抵御能力不足。大学生的学业进步和人生发展不仅需要高超的智商和情商，逆商也成为大学生抵御心理危机、走出现实困境和应对人生考验的重要心理品质。

以逆商为中心的挫折教育一方面要完善大学生的积极应对方式，训练和践行"解决问题""求助""合理化"等成熟型的心理应对方式，避免和减少"退避""幻想""自责"等消极的心理应对方式；另一方面要增强大学生的心理韧性，强大的心理韧性来自于一次次逆风翻盘的经历，来自于一次次"凤凰涅槃"的过程，"艰难困苦，玉汝于成"，在挫折训练、事后复盘和积极反思中锻造坚韧的心理弹性挖掘积极的心理能量，不仅不怕困难，还可以解决苦难；不仅不怕失败，还可以从失败中汲取营养；不仅不怕危机，还可以从危机中找到契机。

积极心理学视角下的心理危机预防工作实质就是心理危机相关的教育工作。但是需要指出的是：首先，积极心理危机教育并不是体现为心理危机的事后应对知识和技能的输出，而是体现在积极心理品质、积极情感体验和积极社群组织的心理资本建设上；其次，积极心理危机教育并不仅仅局限于心理健康教育课堂，校园心理文化建设、心理拓展训练、团体心理辅导和社会实践锻炼才是更加有效的教育方式。

（二）积极心理危机干预

危机事件的突发性和个别大学生积极心理资本的脆弱性，使得心理危机的存在成为一种必然的常态。不同于其他心理危机干预模式，积极心理危机干预模式更加重视危机干预对象本身的力量和危机干预的长效作用。

1. 基于积极心理品质测查的心理潜能激发

大学生心理危机干预是一项个性化的心理个案工作。不同的个案应该采用不同的应对策略。积极心理危机干预模式的个性化策略依据不是触发事件的个性化差异，而是干预对象在积极心理品质上的个性化区别。这是因为，积极心理学视角下的心理危机干预模式认为，解除心理危机的根本力量和长效力量是危机干预对象自身，能够激发大学生自身的心理抵御能力和心理康复能力才是解决心理危机的最短捷径和最终归宿。

塞里格曼等人研发的《积极心理品质量表》[1]和孟万金等人编制的《大学生积极心理品质问卷》[2]都可以作为了解危机干预对象积极心理品质的重要手段。基于大学生危机干预对象积极心理品质的客观、量化解读，积极心理危机干预重点，在于激发和引导干预对象运用既有的积极心理品质一方面来抵御心理危机事件

---

[1] 马丁·塞利格曼：《真实的幸福——24项积极心理品质》，《中学生博览》2023年第9期，第15页。

[2] 孟万金，官群：《中国大学生积极心理品质量表编制报告》，《中国特殊教育》2009年第8期，第71-77页。

造成的心理失衡，另一方面开辟新的建设性活动来积极化心理基本面。

2.基于积极心理支持建构的心理资本聚力

不同于常规心理咨询，大学生心理危机干预面对的问题更加严重，同时对解决问题的时效性要求更高，必须借助于相关联的社会支持力量来促进心理危机状态的尽快解除。特别是在积极心理学视角下的心理危机干预模型看来，积极心理支持的建设不仅是解决问题的方法，更是危机干预的长效目标。

具体而言，首先，要为身处心理危机的大学生提供必要的社会支持和心理支持，支持、鼓励大学生形成稳定的心理抗逆效能感和心理成长自信心，启发和引导大学生找到问题解决的创新性路径；其次，帮助大学生构建和评估社会支持网络的来源、数量、质量和有效性，特别注重家庭、同学、好友等社会支持的领域与运用。但是这不等同于一般意义上的社会支持，需要基于积极心理组织相关理论评估当前的干预对象的人际网络的效价，有的时候父母、舍友并不一定是积极的心理支持来源。总之，通过积极心理支持网络的建构、评估和重构等工作，聚合成为大学生对抗心理危机、预防心理危机再次发生的心理资本。

第四节 大学生心理危机干预体系

大学生心理健康教育是思想政治教育的重要组成部分，是一项专业性较强的助人工作。大学的心理危机事件不是孤立的事件，已成为具有一定代表性和典型性的社会问题。建构科学、有效的心理危机干预体系至关重要。本节从危机干预的角度出发，对建构大学生心理危机干预体系提出了相应建议。

我国经济正在高速发展，大学生的价值观也在变得越来越多元化，但是大学生也面临着很多挫折和压力，很多大学生在这个阶段容易陷入心理危机当中，从而出现较为严重的过激行为，这不仅会威胁到大学生的生命安全，同时会影响到家庭、校园和社会的稳定。心理危机是由于某些因素所诱发的心理状态失调的情况，为了提升大学生的心理素质、进一步促进校园及社会的安全稳定，高校采取合理而有效的手段对大学生心理危机进行预防及干预是极为关键的。

一、大学生心理危机与心理危机干预

（一）心理危机与心理危机干预概述

我国学者在进行心理危机的相关研究时，对心理危机的概念通常采用美国心理学家卡普兰的观点：心理危机是一种暂时性的心理失衡状态，其产生的原因往往源自某个或者某些困难的情境，此情境是心理危机出现时没有足够能力应对的，这种令其感到困难的情景导致心理困扰的出现并形成心理危机。

心理危机干预是一个短期的过程，此过程是为那些经历过心理危机以及正在面临心理危机的人提供支持，帮助其能够更快地恢复到心理平衡状态。危机干预是以简短的心理治疗为基础进一步发展而形成的治疗方法，能够有效地解决心理危机的问题。心理危机干预主要是在发生严重的突发事件之后，针对面临心理危机的大学生采取快速、高效的应急方式对其进行干预，采用较为合理的方法对于应急事件进行处理，从而使其能够度过危机时期，帮助其逐渐恢复到心理平衡状态。

（二）大学生心理危机的研究现状

目前，人们对于大学生心理危机的认识仍然不够全面，有些文章甚至会出现一定的误解，因此，对其进行正确的认识和界定是极为关键的。在国内学者对大学生心理危机的系列研究中，关于大学生心理危机概念的界定较少，其中比较有代表性的有：邵昌玉提出大学生心理危机主要是指高校学生运用寻常应付方式不能处理，由于无法克服心理冲突或外部刺激而对所遇到的内外部应激事件所发生的一种反应；高留才认为心理危机是指当大学生受到一些突发事件或面对的困难情境超过了他解决此类问题的能力时而产生暂时的心理困惑。

二、当前大学生心理危机干预存在的主要问题

（一）心理危机识别不精准

目前，我国高校对心理危机的干预意识不强，未能形成危机精准识别的干预机制。大学生心理危机出现的原因复杂，学业问题、经济问题、家庭环境、生活事件、个性心理等因素均可能会影响大学生的心理健康，情况严重的甚至会引发心理问题，产生

心理危机。大学生的心理危机具有隐匿性、变化性和反复性，其自身难以察觉，同时，我国高校在处理大学生心理危机时也存在着经验不足等问题，这导致大学生的心理危机难以被准确识别。

此外，我国高校的心理健康工作者的能力培养体系并不完善，这导致了部分心理健康工作者对心理危机干预专业知识了解不够深入，专业化标准尚未达标。同时，这也与高校辅导员的专业背景相关。在我国目前的高校辅导员专业背景中，教育学、心理学、思想政治学等相关专业出身的辅导员比例并不高。然而具备教育学、心理学、法学、社会学、思想政治学等社会科学的知识却是准确高效地应对和处理学生心理突发事件的基本条件。虽然有些高校采取了变通的办法，求助于专业机构来处理大学生心理危机事件，弥补专业性不足的缺憾，但却很可能使心理危机无法在第一时间内得到化解，错失消除危机的最佳时机。

（二）心理危机干预模式僵化

在大学生的心理危机干预中，通常更加倾向于采用自外而内的单向干预模式。通常个体在遭遇了一些主观感受超过其承受能力且仅凭个人力量已无法实现心理平衡的事情时，必须通过外界的介入，才能使其有进一步的调整。这种外界主导的单向干预，在一定程度上是较为合理的，但个体的长期消极被动导致其主观能动性的压抑这一局限性也不容忽视。

马克思主义哲学的辩证法告诉我们，任何事物都是内外因素相辅相成的结果，内因决定事物发展方向，是根本；外因促进事物变化，并通过内因对其进行作用，是催化剂。所以我们对于大学生心理的危机干预，除了重视外部导向的模式，也应该对个体自身的潜能进行调动，从而能够使其心理平衡得到进一步的恢复。在内外并行的新型模式处理下，大学生的危机个体有着较为动态的特点，个体对于危机的应对潜力被激活与唤醒，主观上克服危机的积极性被提高，从而能更有效地使用外界的支持和帮助，共同战胜心理危机。

（三）心理危机干预力量单一

在进行大学生心理危机干预时，干预主体存在着单一化的问题。大学生远离家庭，尚未步入社会，在大学校园内进行生活，学校应当承担问题学生的心理危机干预责任，一旦出现心理危机，学校就会当即采用预案来进行介入，为防止危机事件发生赢得了宝贵的时间。但家庭和社会却在干预过程中地位缺失，其作用没有得到充分体现。这种割裂了学生和家庭、社会之间的关系，把整体的问题只是放在学校这个层面来进行考虑，没有全面地探讨大学生心理危机的复杂性，使得问题简单化的状况势必会影响干预成效。

大学生心理问题的产生受到多种因素的影响，家庭因素是其中非常重要的一方面，很多危机的诱发因素在于家庭，比如经济的问题、父母离异等方面；因此，家庭对孩子心理健康的主要作用和当前家庭干预心理危机的缺失形成的反差值得关注；另一方面，由于大学生还没有走向社会，和社会的联系是较弱的，但是社会上有着较为丰富的危机干预资源，比如说专业的心理辅导以及较为先进的医疗条件等，在这个情况之下，学校需要将危机的学生转介到专业的医疗机构对其进行诊治。

三、大学生心理危机干预体系建构

（一）建立心理危机反馈识别系统

高校为了帮助出现心理危机的学生化解危机，需要构建快速、高效的反馈识别系统，以在学生出现心理危机时能够及时干预，帮助学生走出当下困境。

首先，要做好细致的行为观察。行为观察主要是指辅导员、班主任、心理委员、班干部等，要在日常生活中细致入微地观察学生的行为，掌握学生的基本情况，以便及时发现问题、尽早进行干预，防止事态恶化升级。辅导员、班主任需要经常走访学生宿舍、开展谈心谈话、深入学生课堂，充分发挥学生骨干的作用，及时了解学生的日常状态和心理变化。其中，有下列问题的学生为重点筛查对象：晚点名未请假外出、去向不明的，早操、课堂、宿舍违纪的，人际关系紧张的，课程不及格的，学籍异动的，感情受挫的，家庭变故的等，上述行为问题是心理危机产生的必要不充分条件。要对辅导员、班主任、心理委员、班干部等开展针对性的专题培训，增强发现和识别心理危机的能力。

其次，要做好大学生心理测评工作。从新生入学开始，要定期为所有学生进行心理普查，建立学生心理健康档案动态数据库，在此基础上对心理危机高发的学生进行准确摸排、分级管理、重点关注。通过心理测评和分级关注，一方面可以帮助学生形成重视心理健康的观念，另一方面可以让高校心理健康教育工作者实时掌握学生心理动态，及时发现心理危机的诱因，提前预防、化解危机事件，最大限度地降低危机发生率。

最后，高校要加强与学生家长的沟通交流，将学生的心理健康状况及时反馈给家长，保障信息反馈畅通无阻。在新生入学时，让每一名学生填写新生档案卡，收集学生的家庭地址、家庭主要成员信息、联系方式等，为家校信息互通打下基础。在新生报到期间，通过组织召开新生家长会、建立年级家长QQ群和微信群等方式，为学生的心理健康保驾护航。在此基础上，定期与家长交流学生的心理健康状况，做好家长的心理工作，帮助家长准确了解孩子的心理状态。当学生陷入心理危机时，第一时间联络家长并做好沟通协调工作，共同为有心理危机的学生提供支持和帮助，并及时让有需要的学生尽早接受专业治疗。

（二）心理危机干预要多措并举

要做好大学生的心理危机干预工作，提升高校心理健康教育工作者的专业技术水平是重中之重。大学生心理危机干预工作是一项专业性较强的工作，仅凭借工作热情是难以妥善处理的。因此，要想更好地适应高校心理危机干预工作的要求，提高心理健康教育工作团队的综合素质、对其开展专业培训是十分必要的。

此外，要普及心理健康的专业知识，引导学生学会主动寻求帮助，提升大学生面对心理危机时的应对能力，并在有需要的时候主动接受专业的咨询或治疗。定期邀请心理学专家为大学生普及心理危机应对的基本知识，以专题讲座、心理健康知识培训、座谈交流会等形式定期普及心理健康教育的知识。高校要依托心理健康教育中心、学生组织多渠道、多载体、多形式地开展系列教育活动，帮助学生更好地融入大学生活，增强学生的心理健康意识，为开展心理危机干预工作奠定良好的基础。

在进行心理危机干预时要进行双向干预，既要自外而内又要自内而外，要将解决实际问题与解决心理问题相结合。比如，有的学生出现了挂科、违纪等问题，可能与其心理问题相关，心理健康教育工作者一定要在处理问题的同时应尽可能深度挖掘问题的原因，抓住每一个可能了解学生心理问题的契机，进一步预防心理危机。

（三）心理危机干预要多方联动

高校在进行大学生心理危机干预时，心理健康教育中心教师、辅导员、班主任、心理委员、班干部、党员等往往是中坚力量，但是心理危机干预是个复杂、系统化的工作，干预效果时常不尽如人意。这是因为许多高校在进行危机干预时，仅仅依托于学校内部资源，而心理危机干预不仅仅与大学生的健康成长息息相关，同时也是关系到学生家庭和谐、学校及社会安全稳定的重要工作，因此，高校在充分利用学校内部资源的同时，还需要借助来自学生家庭以及社会环境的资源和支持。

高校应该以学校的内部资源为基础，充分利用好家庭与社会的支持力量，将危机干预工作与学校、家庭、社会三者关联起来，构建起"学校—家庭—社会"三方合力、三位一体的大学生心理危机干预体系。在这样一个三位一体的危机干预体系中，心理健康教育中心教师、辅导员、班主任、心理委员、班干部、党员等的协同作用能得到充分发挥，家庭和社会的资源被积极地调动，成为辅助学校开展相关工作的强大支撑力。当大学生出现心理危机的时候，学校应当立即采用应急预案，对危机学生进行干预，同时尽快联系学生家长到校配合开展相关工作。而一旦发现危机程度超出了学校、家长干预能力的范围时，就应该及时转介，借助社会专业心理机构的力量来对其进行帮助。在危机学生接受治疗期间，学校应与专业机构保持联系，了解治疗进展情况。在危机后干预阶段，也需要保持良好互动，使学生恢复心理平衡。在这一过程中，保持畅通的交流与沟通是危机能够得到顺利解决的重要条件，而学校在其中所扮演的角色是非常重要的，它既是信息的传递者，又是整个事情的监督者。家长应与学校保持沟通，如实反馈相关信息。学校、家庭和专业机构一方面各司其职，另一方面三方应保持畅通的交流与沟通，形成合力，做到信息及时透明共享，相互补充，在对学生进行心理危机干预时能够做到井然有序、多方联动，共同帮助学生走出困境。

大学生心理危机干预是大学生心理健康教育工作中至关重要的一部分，它与大学生的健康成长息息相关，并且关系到了到国家和社会的和谐稳定，我们应当寻找经验，通过较为科学的方案来对其进行处理，充分发挥心理危机的干预作用，充分调动家庭和社会的资源，家校互通、在社会系统的辅助下，构建完整的危机干预生态体系。

一方面，学校应该加强和家长的沟通，对于家庭心理教育的作用进行进一步的发挥，向家长传输新的教育理念和心理危机的干预模式，使得心理存在着危机的学生能够获得家庭的理解和支持。同时，需要对学生家长进行系统的培训，最后，当学生面临心理危机时，需要充分发挥家庭的作用，帮助面临危机的学生得到家庭的支持，使其能够坚定地度过危机；另一方面，要充分调动社会系统的资源。社会系统可以有效地协调个体、学校、家庭之间的关系，达到系统间的互动、互助发展。建立以高校和家庭基础，以医疗单位、专业预防救援机构为辅助的大学生心理危机干预体系，进一步提升对心理危机大学生干预和帮助的及时性和有效性。

第六章 大学生网络心理问题及教育

随着数字化时代的到来，网络已经走进人们的生活。电脑和网络不仅作为计算和信息处理工具而存在，现已成为继报刊、广播和电视之后的"第四媒体"，并以前所未有的强劲势头拓展，让数字地球的村民们感受到滚滚信息热流的袭击。网络以其特有的面貌和强大的功能，引发了一场新技术革命，也展示了美好的数字化乐园。网络宽频高效的信息资源给大学生带来了全新的观念、创新的意识、丰富的知识，给他们提供了施展创新才华和接受多种教育的境遇，满足了他们生活、学习、交往和娱乐的心理需求，同时也给他们的心灵带来了巨大的冲击，催生了许多心理问题。因此，必须采取有效的教育手段，以消除网络对大学生的负面影响，使他们以健康的人格和健康的心态对待现实世界和虚拟世界。

第一节　网络对大学生的影响

一、网络对大学生人格的影响

（一）网络对大学生人格发展的正面影响

1. 人格的独立发展

网络内容丰富，信息量大。需要哪些信息，通过什么渠道查找以及与什么样的网友交流等等，这些都隐藏着大学生的独立思考。对于纷繁的信息，大学生需要判断它们的价值倾向和文化倾向；对于网上的不健康信息，如色情、迷信、反动、黑色信息，需要他们自觉地予以阻止和抵制；对于网上的热点问题、重要资讯，需要他们自觉地进行讨论、评价和思考。这些网络活动为大学生形成独立性人格提供了机会。

2. 人格的平等发展

网络具有平等性，这种平等不仅表现在网络技术设计上的平等，更表现在网络内容和上网者地位上的平等。在网络世界中，没有高低贵贱之分，没有权威和中心地位之别。网络交流是双方或多方在同一平台上，平等地发表言论，这种交往不需要戴上面具，虚假扮演角色，因而人格可以自由平等地发展。

3. 人格的个性化发展

由于网络具有隐蔽性，学生在网络上发表言论和抒发情感相对自由。网络为大学生人格的个性化发展提供了广阔的平台。在这个平台上，大学生可以尽情地展示自我，可以进行个性化的选择，可以进行个性化的设计，也可以进行个性化的评判，在网上讨论中，大学生对于网上焦点问题都可以进行评价。这些活动为大学生人格的个性化发展创造了条件。

4. 人格的开放性发展

网络是个开放的世界，它对任何上网者都展示其丰富的内容和广阔的空间，从而增加人们接触外界的机会。开放的网络世界使大学生们打破了时空的限制，接触大量的网络信息、多样的思想、多元的观念和不同的生活方式。这不仅拓宽了他们的视野，而且打破了他们封闭、局限的观念。在这一过程中，大学生常常能突破传统狭隘的校园生活圈子和过窄的人际交往局限，为开放性人格的形成创造了条件。

（二）网络对大学生人格的负面影响

1. 人格虚拟化

网络世界是一个虚拟的空间，大学生在网络中都虚拟一个非现实的自我，其行为也是虚拟的网络行为。这种虚拟性主要表现在两个方面：一种是抽象化的虚拟，就是把自己当作抽象化的数字、符号或某种概念；另一种是形象化的虚拟，就是把自己比作某种生动具体的怪异物体或其他人。这两种虚拟的共同点都是脱离自我，脱离现实，创造数字个体和数字人格，以一种似我非我的状态游移于网络空间，形成虚拟人格。

2. 人格封闭化

网络是一个开放的世界，同时，网络也是一个封闭的世界，它使上网者脱离集体，过着离群索居的生活。这种封闭性使大学生疏于与人交往，言语减少，思维迟缓。即使他们和陌生人在网上聊得热火朝天，但却不能和现实中的人正常交流。

3. 人格发生变异

网络是一个自由、隐蔽的世界。它既可以使人的个性得到极大的张扬，人格得以健全发展，也可以使人的劣根性暴露无遗。传统的伦理规范很难约束网络行为，从而导致人格异化趋势。

4. 网络可以使大学生的人格迷失

网络是一个内容庞杂、信息无限的虚拟空间。大学生长时间徜徉在网上，很容易迷失自我，产生网络焦虑、网络依赖等症状。

因此，网络是一把双刃剑，它在促进大学生人格积极发展的同时，也存在使部分大学生的人格发生扭曲的风险。

二、网络对大学生人际交往的影响

（一）网络对大学生人际交往的正面影响

网络为大学生提供了一种全新的人际交往环境和人际交流方式，对大学生的人际交往产生了积极影响。其影响主要表现在以下几个方面：

1. 网络增强了大学生的人际交往手段，为大学生的人际交往提供了便利条件

随着网络技术的发展，人际交流的方式已从初级的电子邮件和电子公告板，发展到可以群发消息和聊天室交流。有着不同兴趣爱好的人可以聚集在一起探讨交流，所以，网络极大地丰富了大学生的人际交往方式。与传统的人际交往方式相比，网络人际交往方式更为快捷，也更为经济。如发个 E-mail，几秒之内就能

传给收件人，省去了传统寄信方式，如贴邮票、跑邮局等的麻烦，也避免了焦急等待回音的痛苦。因此，网络的便利性增强了大学生人际交往的热情，也为大学生扩大人际交往范围、深化人际交往层次提供了条件。

2.网络扩大了大学生人际交往的范围，丰富了大学生人际交往的内容

网络为上网者提供了一个类似于现实的虚拟世界。这个虚拟世界的内容极其丰富，几乎囊括了现实世界中的一切。在这里，大学生们可以打破时间和地域的局限，不受经济条件的制约，获得现实世界难以获得的交往体验，如和国际知名学者交流思想，与国际象棋大师对弈，接受世界著名学府的教育，直接参与国内外热点问题的讨论等等。不仅如此，网络还为大学生交友提供了许多便利。目前，各大网站几乎都可以提供电子聊天室和网上交友栏。大学生可以通过聊天结识朋友，也可以直接在交友栏张贴广告，在双方相识以后通过电子邮件进行下一步的接触。因此，上网可以使大学生广泛接触到校园外的世界，不分国家、不分种族结交朋友，在交往中，不断增长知识，培养适应社会生活的素质和能力。

3. 网络深化了大学生人际交往的层次

网络交往环境具有虚拟性。在网上，交往双方因互不相识而没有利益冲突，因性别、年龄、职业、外貌等特征被隐去，少了现实世界人际交往中的种种顾虑和面对面交往中难以避免的尴尬。网络交往采用的是书面形式，这比口头形式更有利于思想的充分交流。我们都有这样的体验，平时聊天和打电话时谈论更多的是生活琐事，真正的内心交流往往借助于写信。正是由于网络交往的这种特点，一些在现实生活中沉默寡言、结交甚少的大学生也能在网上找到至交。

（二）网络对大学生人际交往的负面影响

1. 网络弱化了大学生对人际交往规则权威性的认同

人们在现实的人际交往中要遵守一定的规则，如诚实守信、礼貌待人等，相应也就产生了一套交往礼仪和伦理道德规范。由于网络交往是借助于计算机进行的，具有虚拟化和非人性化的特点，因此网络人际交往极易被视为"人机交往"，甚至"机机交往"。隔着冰冷的计算机屏幕，网络交往中大学生的主体感减弱，他们容易忽视自己敲出来的一行行文字给他人带来的感受，忽略自身行为的后果，忽视人际交往中应当遵循的礼仪和规范，从而降低了交往中的自我责任感。另外，网络交往具有极大的自由性，许多现实道德、法律规范和行政措施都无法充分发挥作用。这样，在主体感减弱和外在控制松懈的双重作用下，本就有些叛逆精神的大学生更容易触犯网络交往的规则。有人会在网络聊天时使用不文明用语，也有人会对"持有不同意见者"进行人身攻击。尤其是对异性交往而言，由于互联网是一种全通道型的交流网络，交往模式是"多点对多点"，打破了传统男女交往中"一对一"的模式。除此之外，网络的相对开放性和自由性为所有思想和行为提供了生存的可能，大学生也可能在网上陷入某些非主流人际交往中，如同性恋、婚外恋等。一旦这些交往形式延续到现实生活中，会给他们的身心健康带来巨大危害。

2. 网络弱化了大学生对现实人际交往的需求

互联网为大学生打开了世界的大门，扩大了他们的眼界与交往面。但过度依赖网络，会使他们参加现实人际交往的时间减少，现实中人际交往受阻。一些大学生在网上可以与陌生伙伴侃侃而谈，但当真正见到其人时，却不知所措。久而久之，大家都不约而同地选择回避直接接触。

网络是由高科技构筑的虚拟空间，但网络交往最缺少现实生活中的人情味。这种状况在一些计算机游戏中体现得尤其突出，在这样的虚拟空间里，信息的组合依据的只是几条冷冰冰的"科学规则"。

3.网络增加了大学生人际交往中的危险性因素

网络世界五彩缤纷，鱼龙混杂。大学生上网既可以徜徉在知识的海洋里，也可能陷入泥潭，受到网上各种边缘文化和反文化的影响。由于网络极端自由开放，没有类似于现实世界的"新闻把关人"的角色，一些边缘文化和反文化便趁机繁衍生息，成为大学生进行网络人际交往的陷阱。

三、网络对大学生行为的影响

（一）网络改变着大学生的学习行为

网络的发展引起了教育方式的历史性变革，对大学生的学习行为产生了巨大影响。首先，网络会使大学生产生虚拟学习行为。以高科技为基础的虚拟现实的三维立体空间，使大学生有身临其境之感。例如，医学专业的学生可以在虚拟实验中进行解剖，金融专业的学生可以通过虚拟股市锻炼自己的股票交易技巧，建筑工程专业的学生可以在网络上做爆破实验等；其次，网络改变了大学生学习行为的时空概念。网络学校将提供上网课程和在线学位，这种在线远程教育不仅快捷、投资少，而且受教面广。网络管理中心从考生登录、试卷生成，到在线考试、自动阅卷、成绩统计，全部自动完成，教学反馈迅速高效。大学生可以在网上轻松浏览电子图书馆，在需要时可以从网上方便地下载，可将各种学习资料输入电子书中，随身携带，随时随地阅读。学海无涯，学习再无时间、空间和对象的限制，这将是一种无限的、终身的、全球的学习。"活到老，学到老"被赋予了全新的含义。

（二）网络改变了大学生的消费行为

随着"网络热"在大学校园中的逐渐升温，大学生的消费结构中，网络消费的比例从无到有，越来越高。在大学生看来，把更多的时间和金钱花在网上，不仅是一种时尚，还是一种学习；不仅满足了自己的兴趣，而且又是一种高层次的休闲。网络消费的新奇和诱惑，促使许多大学生省吃俭用，将有限的生活费节省下来去上网。有的同学称这笔费用为"网络基金"，即为因特网建设而贡献的资金。这种网络消费行为的积极作用可以从其消费的文化性、知识性上得到体现，其消极作用也可以从主体消费结构（时间和金钱）单极扩大、网络行为迷恋及其造成的社会后果等方面得到显现。

（三）网络丰富了大学生的恋爱方式

网络并不只是冷冰冰的数字，在这里，也有着现实世界中的七情六欲、喜怒哀乐。大学生通过电脑键盘"用手指谈恋爱"，这种恋爱与传统恋爱相比，更具风险性，更具有精神恋爱和三角恋爱的特点。通过在线交流，相互了解，到步入真实世界，不确定因素很多。在网络聊天室里，大学生们依据一些虚假的信息结识了许多"电子情人"，饶有兴趣地相互聊天，寄托情感。有的同学一次同时和几个"电子情人"聊天。

（四）网络发展了大学生的虚拟群体行为

无序、虚拟的网络运行，产生了网络虚拟群体。这种群体和现实群体一样可分为正式群体和非正式群体，但它已不具有传统意义上群体的含义。这种群体的地域性、空间性不强，群体成员间的感性接触较少，群体的统一性较差，其个体对群体的归属感和集体责任感较小，群体对个体的约束力也不大。因此，大学生在虚拟群体中很容易表现一些在现实中不敢表现的行为，如泄密、实施犯罪行为等。

第二节 大学生网络心理问题

随着互联网技术的迅猛发展,网络正快速地将其触角伸向社会的各个领域,吸引各行各业的加盟。网络给了大学生一个自我创造、扩大交往、增长知识、沟通心理、排解不良情绪等精神活动的巨大空间,但同时也催生了许多心理问题。

一、大学生网络心理困扰

大学生与网络有关联的心理问题越来越多,有的学生因上网时间过多,处理不好上网与学习的关系而产生了一些心理困扰,其中,有的是由网络直接引起的,如网络恐惧、网络孤独等。这些心理问题可以分为以下几类。

(一)网络恐惧

网络是现代高科技的结晶,是知识和技术的载体。想要上网获取信息,参与网上交流,必须掌握计算机和使用网络的操作技术，而想要在网上遨游，成为网络"高手"，则更要精通各种编程、软件及其他操作技术。现在有不少大学生（尤其是来自农村的大学生）在进入高校前，几乎没有接触或很少接触这方面的内容。他们进入大学后，面对色彩斑斓的网络世界，接触到层出不穷的电子书和电脑软件，尤其是看到周围同学熟练地使用电脑，会感到害怕和迷惘，由此产生对网络的畏惧感。

（二）网络孤独

有些大学生性格内向、自卑，习惯于自己承受心理负荷，不愿意或不善于与他人交往。他们希望通过网络人际交往来获得信息。当网络走进他们的生活时，他们痴迷于网上交往这种隐匿姓名、性别和身份的交往形式，常常上网向网友发泄自己的不良情绪，讲自己的"心情故事"，希望从网友那里得到一定的心理支持。可下网后他们却畏惧直接接触，害怕现实社会中的人际交往，导致个人心灵更加封闭和孤独。特别是那些热衷于通过非语言的方式（如眼神、姿态、手势等）来解读交往对象的大学生，当他们试图借助网络来排解自己的孤独时，网络所能给他们的只能是键盘、鼠标和显示器造就的书面语言，这使他们感到网络对孤独的排解只是"隔靴搔痒"。还有一些大学生原来社会交往活动比较频繁，现在由于把大部分时间投入到网上交友聊天中，网上交友机会增加了，但现实生活中认识新朋友的机会减少了，也减少了与现实中朋友的联系。友情淡化，现实中的交往减少，无形中缩小了他们生活的圈子。当他们从热烈火爆的网上交往气氛中退下来，回到平静单调的现实生活时，强烈的心理落差使他们产生心理孤独。

（三）网络自我认同混乱与自我迷失

网络的匿名性使网民隐去了身份，许多现实社会中的规范、规则、道德在虚拟世界中冻结，这样就给自控力尚不强的大学生提供了恣意表现自我、放纵自我情感的平台。他们在现实中无法实现的事情，在网络世界里逐一变成"现实"。他们在表现自我时，把社会自我抛得越来越远，甚至企图借助网络在现实社会中凸显自我，将自我凌驾于社会之上，从而出现自我认同混乱。此外，有些大学生对一些社会现象不满，他们想通过上网发泄不满，逃避社会，希望在网上有一个"清洁"的交往环境，构建一个良好的自我。然而，网上充斥着无聊的帖子、庸俗的话题，使他们在对社会产生失望之后又对网络失望，出现网络自我迷失现象。

二、大学生网络迷恋

网络迷恋又称网瘾，是指上网者长时间沉溺于网络游戏、上网聊天、网络技术（安装各种软件、下载使用文件、制作网页），醉心于网络信息，对网络过度依赖和依恋，导致个人身心受损，正常学习、工作、生活及社会交往受到严重影响。有网瘾的大学生上网时精神振奋，全神贯注，下网后精神萎靡，郁郁寡欢，且脸色蜡黄，形销骨立。

（一）网络迷恋的类型

1. 网络色情迷恋

迷恋网上所有的色情音乐、图片以及影像。

2. 网络交际迷恋

利用各种聊天软件以及开设聊天室，长时间聊天。

3. 网络游戏迷恋

沉迷于网络设计的各种游戏中，他们或与计算机对打，或通过互联网与网友联机进行游戏对抗。

4.网络信息收集成瘾

强迫性地从网上收集无关紧要的信息,并以堆积和传播这些信息为乐趣。

5.网络制作迷恋

以下载使用各种软件,追求网页制作的完美性和编制多种程序为嗜好。

(二)网络迷恋的判断

目前,国内对"网络迷恋"的研究尚浅,对"网络迷恋"的判断也简单。有一种说法,上网出现下列三种情形就是染上了网络迷恋:

(1)花的时间越来越多,即使花很多时间仍感到不够、不满足,整天都想着上网。

(2)社交生活和学校生活都受到影响,成绩一落千丈。

(3)睡眠和饮食习惯转变,情绪也容易发生大波动,变得动不动就大动肝火。

美国已经制定出了网络迷恋自我评估标准(如下),网民只要超过五项就是上网成瘾。

（1）每月上网超过 144 小时，即每天 4 小时以上。

（2）脑中一直浮现和网络有关的事。

（3）无法降低上网的冲动。

（4）上网是为了逃避现实，放松和解除焦虑。

（5）不敢和亲朋好友表明上网的时间。

（6）因上网造成课业及人际关系问题。

（7）上网时间比自己预期的还长。

（8）在上网或网络设备上已经花太多钱。

（9）要花更多的时间上网才能满足。

（三）戒除网络迷恋的几点建议

（1）要正确地认识网络，学会自制。上网之前静思几分钟，明确做什么、上网多少时间等问题，不要让时间和健康全都赔在虚无缥缈的世界里。

（2）生活中应合理地、平衡地使用网络，多与家人和朋友交流。

（3）有了网瘾，要找出原因，对症下药，恢复到正常的现实生活中来。严重的要进行心理治疗，配合药物控制上网的冲动。

（4）网瘾可怕，要防患于未然。一旦出现网络迷恋的初期表现，必须立即与电脑分开，停止上网。防止上网最重要的一条就是严格控制上网时间，每天以不超过 2 小时为宜。

三、大学生网恋

在网络时代，网恋已经成为当代大学生的一种新的恋爱方式。

（一）大学生网恋的基本特征

1. 比例越来越高

随着各高校校园网络的广泛建设以及校园内外网络的开通，大学生上网的人数越来越多，网络已成为大学生新的恋爱场域。例如，某大学女生寝室有 7 位同学在谈恋爱，其中 6 位是网恋。

2. 公开化

现在各高校一般都设有网络中心，校园周边的网吧也很多。一些大学生没事就在网上聊天交友。有的大学生甚至在网上贴出"怎样猎取 MM（妹妹）芳心"之类的文章。

3. 轻率性

有些大学生和网友聊过几次就感觉"一见如故、相见恨晚"。他们容易忽视网友在生活中的样子，对网友缺乏深入观察和全面了解，急着在网上确立恋爱关系；还有的学生从网上相识到网上热恋，继而电话聊天，再到下网见面，时间短，升温快；也有个别同学在网上成家，网下同居，恋爱行为十分出格。

4. 虚幻性

网恋的魅力和危害都存在于网络的虚幻中。大学生有着丰富的想象力，网恋中的人，爱的是抽象的形象，具有很大的虚幻性。

5. 浪漫性

网民一般用键盘与鼠标这种形式和五湖四海有共同语言的人尽情畅谈。在这种奇妙的纯文字式交往中，和对方既无利益关系，也不必考虑对方的外表，只需有共同语言，聊得高兴就行。情窦初开和情感丰富的大学生们，就在这样的交往中滋生出这种唯美式的恋情。他们在网上所说的都是对对方的爱慕之情，交流的都是对学习、对人生、对社会问题的看法，所谈的都是理想而浪漫的话题，很少涉及现实婚姻中的具体问题。所以，网恋具有相当程度的浪漫色彩。

6. 速成性

大学生的网恋一般是速成的。因为在网上看不到对方，用键盘敲出的文字就是再大胆直接也不会让自己过分尴尬，所以他们可以毫无顾忌地交谈。他们在网上从相识到无话不谈，往往只需要一两个小时，或仅"接触"几次。

（二）大学生网恋存在的问题

1. 网恋的大学生容易"上网成瘾"

网恋者必须通过网络，所以得把很多时间投入到网络的聊天交友、在论坛发帖子、网络虚拟社区中去。网恋的大学生不知不觉中变得"儿女情长，上网交友成了他们生活中必不可少的内容，网上爱情逐渐成为他们生活的唯一追求。例如，有的大学生整天如痴如醉，想入非非，沉浸在卿卿我我的甜言蜜语中；有的大学生中午、晚上不休息，加班加点泡在网上谈恋爱，致使上课时倦意甚浓，无精打采；有的大学生逃课，一心一意谈恋爱，成为网恋"专业户"。

2. 网恋的欺骗性对网恋大学生的心灵伤害严重

网络中什么人都有，其中就有些不法之徒，以其美丽的辞藻、广阔的学识，骗取大学生的信任，使大学生在随后的约见中屡屡被骗。人与人之间的交往需要讲究信任，而彼此之间信任的建立需要一定的时间。网络的速度很快，如果彼此之间缺少了需要建立信任的时间，也就削弱了情感中需要的重要元素。所以，当大学生在网恋时已付出真情实感，甚至因爱而不能自拔时，猛然发现上当受骗了，他们所受到的心灵伤害就可想而知了。有些大学生随着梦的破灭，心也就破碎了。

3. 网恋使有些大学生出现人格分裂

网络是个虚拟的世界。大学生在网上可以展示自己的虚拟人格，也可以使现实生活中的人格在网络中出现。有些大学生在网上虚设一个自我，想以这个虚设的自我获得在日常生活中没有获得的爱情，或者得到一种自我满足。例如，自己不漂亮，在网上却说自己很漂亮，寻求自尊满足的同时也求得别人的青睐。有些大学生在网上尝试和真实自我相反的性格，就像做游戏一样和网友恋爱。这种人格转换对于灵活的大学生来说，可能还会是一种缓解现实压力、调节心理平衡的好办法。但有的大学生却无法将网上人格与现实中的人格灵活转化，渐渐地造成了人格分裂。他们在网络世界里，热情洋溢，快乐无比，而在现实生活中却木讷笨拙，孤独抑郁。

4. 网恋失恋对大学生的身心影响深重

网恋中的有些大学生，当网上的另一方消失的时候，就无法控制自己，无法继续进行学习，严重地干扰了自己的正常思维和对事物的判断能力；有的大学生因网恋失恋，无法承受痛苦和打击，从此看不到生活的希望，失去生活的信心，心灰意冷，一蹶不振；还有的同学在极度悲痛、紧张、焦虑、烦躁下，做出极端之举。

第三节 大学生健全网络人格的培养

为适应信息时代科技的发展，促使大学生健康网络人格的形成，学校应采取积极措施，广泛参与网络，把网上行为与网下行为联系起来，加强硬件建设和制度建设，强化思想引导和观念转变。

一、学校引导与自我教育相结合

人格是人的主体性和自我意识的内在凝聚，是人的精神力量的最高体现。因此，网络人格的培养，既需要学校的正确引导，也需要学生的自我教育。学校引导的最终目的是培养学生自我教育的能力，即通过适当引导使学生形成自我学习和自我品格塑造的内在动力，从而达到自我反思，提高自我修养，完善自我人格。

（一）引导学生树立正确的人生观与价值观

大学生如果有了正确的人生观和价值观，他就能对社会、对人生持正确的认识和看法，就会有适当的态度和行为；就能站得高、看得远，并正确地体察和分析客观事物，做到冷静而稳妥地处理事情；就能正确认识自我，树立时代观念、全球观念和集体观念；就能加强人格的自我修养，提高自身的免疫力。

（二）加强校园网络规范建设

高校应积极开发和占领网络这块阵地，使之成为大学生健康成长的一个重要渠道。既要利用网络的优势开展思想道德教育，直接而及时地了解大学生的思想状况，又要借助网络这个载体开展多种多样的文化、艺术、体育等活动，宣传社会主流网络道德观念，丰富大学生的课余生活，在潜移默化中影响学生，使学生明确上网目的，确立正确的上网动机。

二、网络伦理与传统道德规范相结合

人格的健康发展，必须在一定伦理道德规范约束的氛围中才能进行。而网络的发展，突破了传统道德规范的约束，一些网络行为和网络交往很难用传统道德规范进行评判。因此，培养健康的网络人格，必须大力加强网络伦理建设。

（1）根据网络特点，建立健全网络伦理规范，使网络行为有章可循、有据可依，并以网络舆论、网络道义唤醒大学生的良知，使其约束不良行为。

（2）要加强网络伦理的宣传教育，使大学生对各种伦理规范全面了解并自觉遵守。

（3）运用一定的技术手段，使网络伦理规范得以实施，并能评定大学生各种网络行为，进而对不良网络行为做出适当的处理。

（4）加强对大学生传统道德规范的教育，引导他们不要把虚拟的网上不良行为带到实际生活中，把遵守网络伦理规范与传统道德规范统一起来，形成良好的网络品德。

三、实现网络交往与现实交往的统一

网络交往是一种虚拟交往，但归根结底仍然是一种社会交往。一些大学生之所以产生人格扭曲，是因为网络交往脱离现实和脱离社会共同生活。因此，在信息网络时代，要把网络交往和现实交往统一起来。

（1）大学生要树立正确的交往观念，认识到任何交往都是社会交往的形式，网络交往只有融入现实社会中才有意义。

（2）把现实中的热点问题和焦点问题搬到网上进行讨论，加强交流与沟通，扩大影响和覆盖面，从而起到教育多数大学生的作用。

（3）把网络问题引入到现实生活中，运用多种方式解决网上出现的问题。同时，引导大学生对网络交往活动有一个正确的心理预期，提醒他们不要用自己幻想出的标准来衡量现实交往。

四、对大学生进行网络心理教育

（一）丰富和活跃网络心理教育活动

通过开展网络心理沙龙、开设网络心理论坛、举办网上心理健康征文等活动，直接让上网大学生进行情感交流和心理沟通。还可以针对个别大学生的具体心理问题，通过电子信箱为其提供私密的心理指导和帮助，实施个体心理教育。也可以通过开展网络心理教育经验交流活动，促使上网大学生提高认识，取得共识，优化心理教育效果。

总之，要通过丰富的、创新的、寓教于乐的网上活动，充分利用网络心理教育的辐射力、吸引力、感召力和渗透力，充分发挥网络心理教育的信息优势和教育功能，在潜移默化中影响和改变大学生的心理状态，培养他们健全的人格。

（二）重构大学生的社会认知和网络认知

大学阶段是个体初始社会化的最后阶段，是理解和学习各种社会角色的关键期。而网络孤独和网络自我认同混乱的大学生，都存在着个人自我认同与社会评价难以整合的问题。他们性格内向、孤僻，人际交往能力较弱，一些负性的生活事件对其心理的影响要比积极事件大得多。他们易夸大社会的阴暗面，从而导致认知偏见。而当他们上网以后，发现虚拟世界与他们的要求相距甚远时，又会产生"网络是陷阱，网络无聊"等对网络的认知偏见。所以，对他们进行心理教育应从追踪个人心理发展的早期经历开始，引导他们从正反两方面认识社会和网络这两个世界，纠正他们固有的、单向的、片面化的思维方式，对他们进行一定的人际交往行为训练，引导他们发现和发展自己潜在的兴趣和特长，克服自卑，树立自信，走出阴影，沐浴生活的阳光。

（三）进行心理干预，并辅以心理治疗

卡内基梅隆大学对过度使用互联网者的研究以及匹兹堡大学的研究表明，网络成瘾的大学生往往具有喜欢独处、敏感、倾向于抽象思维、警觉、不服从社会规范等人格特点。因此，对于网络迷恋的大学生的心理咨询应从以下几个方面着手。

（1）要了解迷恋网络的大学生的早年经历，特别是重大生活事件对迷恋者的影响，探究其不良性格和负性情绪的根源。

（2）要与网络迷恋者一起客观而全面地评价网络技术、网上人际交往、网上信息、网上娱乐以及他对网络的痴迷状态，以此来转变他们对网络的崇拜和对痴迷的认知。

（3）网络迷恋的大学生过度关注网络，过度依赖网络生活，使得个人生活无规律化，对周围的世界持冷漠化态度。因此，应该协助网络迷恋的大学生恢复自身生活的规律化，恢复其生物钟，引导他们寻找新的兴趣生长点，扩大个人在现实生活中的交往面，增加与朋友的互动频率，从而转移他们对网络的注意力。

（4）对于重度网络迷恋者，要辅以适当的心理治疗，如用强化法、森田疗法等进行治疗。

第七章　大学生择业心理问题及其指导

择业是竞争,是尝试,是角逐,也是探求。择业使大学生从"自然人"走向"社会人",是他们人生之旅的重要转折点,是他们从校园到社会的转折点。校园生活的相对单纯和社会生活知识经验的相对匮乏,使部分新世纪大学生在选择职业中难免具有幼稚的冲动,盲目的激情,过分的自信,甚至由于自身缺乏信念的明确导向性,他们往往不能公平客观地把握自己择业的恰当坐标,以致产生一些心理问题和技巧操作失误。本章试图通过对大学生择业动因和心理特点的分析,找出大学生择业过程中所存在的心理问题,并对大学生积极调整择业心态提出一些指导性建议。

第一节 大学生择业概述

一、大学生择业的复合动因

（一）择业是大学生争取社会接纳、实现成才的需要

汹涌澎湃的市场经济大潮筛选出有用人才，呼唤优秀人才，渴求杰出人才，莘莘学子则思考着成才，探索着成才，拼搏着成才。从心理需求看，随着社会交往的日益扩大，生活阅历的不断积累和文化科技知识的迅速增长，大学生心里必然会逐渐萌生早日成才的迫切愿望。从社会需求视角看，大学生的实际社会地位并非他们想象中的那么高，仅属于"社会准人"或"社会边际人"。因此，他们具有强烈的改变个体形象，较快完成从"自然人"到"社会人"转变的社会需求。他们不仅期望得到校园内师生的认可，而且更企盼得到社会的接纳。他们对市场经济择业的"最新指数"趋之若鹜，这种发自内心的积极渴求，以及努力争取社会接纳希

望早日成为社会有用人才的需求，是促使毕业生的择业指向紧紧围绕市场经济职业需求指数起伏跌宕的原动力。

（二）择业是大学生追求经济自立、奠定物质基础的需要

大学生是不断探求个体新的生长点的青年群体，他们正从不成熟逐步穿越社会化隧道走向成熟。市场经济大潮下，面对商品物价这柄"达摩克利斯"之剑的威慑，不少学子在"名牌热"光晕效应下，面对琳琅满目的商品，顿感囊中羞涩，一种挣脱物价上下波动曲线重压的紧迫感油然而生。于是，力争早日经济自主、独立，奠定和创造生存所必需的物质基础，并争取获得较大的经济利益的冲动，在大学毕业生心中加速运行，呼之欲出。这种愿望一方面能满足学子们个体生存、愉快生活和健康发展的需要，另一方面也能满足他们从父母的依附襁褓中解脱出来，达到人格独立、意志独立乃至全面独立的本能需要。因此，大学生这种追寻经济自主自立，创造物质基础和物质利益的愿望，便是他们职业选择向市场经济大动脉靠拢的又一动力。

（三）择业是大学生实现双重价值、促进社会发展的需要

市场经济大潮席卷而至，激烈竞争的氛围，促使新世纪的大

学生更加崇尚个体的奋斗。他们期望通过个体职业选择的途径，开创自我奋斗的崭新天地。虽然当下大学生的职业选择仍未能超越维持生活和生存需要的范畴，但是作为富有进取心的青年群体，他们中的绝大部分人已将实现自我价值与社会价值放到了择业的首位。他们热衷于到工矿企业、经济实体和涉外机构中实践。

面对21世纪经济加快发展的需要，他们在大潮中学会游泳，领先一步将书本知识转化为操作技能。他们希望通过择业和就业使个体的双重价值得以实现，以增进个体同社会的联系，确立自己在社会中的一席之地。他们期望通过亲身参与变革，在实现社会价值的进程中充分体现自我与社会的双重价值。他们运用自己的优秀科研成果充实学术资源。他们放弃攻读更高一级学位的极好的机会，兴办企业，让知识直接转化为在世界上有影响的尖端产品。他们大胆地写自荐信，通过严格面试，勇敢展现自我，力挫群雄，选择了竞争激烈且具有发展后劲的理想职业，为自己的可持续发展奠定了坚实的基础。为了早日实现自我与社会的双重价值，大学毕业生不断筛选市场的人才需求信息，反复比较，抉择最佳择业投入方案，确立个体择业的科学坐标，以期充分发挥个体的潜能，促进经济发展和社会进步。

二、大学生择业的心理特点

在社会主义市场经济的转轨过程中，当代大学生择业心理和择业行为呈现出了一系列深刻的变化，表现出鲜明的时代特点和过渡性特征。

（一）大学生的择业观日趋成熟

大学生面对社会革故鼎新的严峻挑战，显现出一种特有的自信和成熟。

（1）大学生择业时很注重长远发展。施展才华、发挥一技之长已日益成为他们择业时的首要选择，而收入高、社会地位高则退居其次，这正是大学生择业观逐渐走向成熟的一个显著标志。

（2）大学生对社会竞争表现出无畏和自信，对收入分配距离拉大表现出理解与豁达，认为"再次择业"或"跳槽"行为是理性务实的态度。这也从不同侧面反映了大学生择业观的日趋成熟。

（二）大学生择业的主体意识开始觉醒

大学生择业主体意识的觉醒，主要表现为择业中强烈的风险意识、创业和开拓精神。许多大学生在问卷调查中表示，愿意"负责新的组建部门或单干一番事业，成就理想"或"辞去现在的工作，到一个能发挥自己才能的单位工作"，这些都充分显示出新世纪大学生敢于开拓一片新天地，创就一番事业的雄心壮志。

（三）大学生择业高期望值与自身客观素质反差明显

大学生都企盼从事理想的职业。"前途意识"实际上主宰着大学生在大学里学习和生活的全过程。所学专业在社会市场的"行销"程度，人才市场年甚一年的激烈竞争，地区发展不平衡而导致的跨省市分配的择业倾向，企业转轨过程中国有大中型企业的现状，都不同程度地在大学生择业进程中折射出来。他们要求自主择业、自由选择，但又苦于市场竞争激烈，前途未卜；他们坚信人才市场的竞争主要是"全面素质的竞争"，但又不得不承认"找工作要凭关系"的现实重要性；他们认为择业应充分考虑"发挥自己的素质"，但又赞同"收入太低，还不如跳槽、改行"等说法，在择业中常表现出困惑、茫然和无助心态，"我究竟该怎么办"成为大学生择业观念上的一个阴影。择业高期望值与自身客观素质的反差颇为明显。

三、大学生择业的规律

调查研究发现,大学生在选择职业或确定职业方向时有以下几个规律:

(1)具有特长或个性强的学生,往往选择能突出特长的职业。例如:善于演讲、口才好的人愿意做播音员或律师,文笔好的人往往选择做记者、编辑、作家等职业。

(2)家境困难的人,往往选择挣钱多的职业。例如,一位可以留校当教师的大学生为了挣钱还债去为沿海养殖对虾。

(3)富有理想的人,往往选择艰苦的职业或去边疆工作。

(4)依赖性强的人,往往选择继承父业或离家近的工作,因为这样可以得到父辈的照顾。

(5)学习成绩突出或研究能力强的人,渴望专家型的职业,如当大学教师或科研人员等。

(6)权力欲望强的人,渴望得到领袖型和管理型的职业,如国家公务员、企业经理、厂长等。

（7）凡事随大溜的人，往往受亲朋好友的影响，追求社会热门职业。

（8）性格内向的人，往往选择稳定型职业，如国有企业、国家机关等。

第二节 大学生择业的心理问题

市场经济的突飞猛进，使新世纪大学生的择业前景愈加广阔，人生发展的道路愈加宽广。"海阔凭鱼跃，天高任鸟飞"，知识经济时代择业的竞争令大学生们跃跃欲试。然而，有竞争就会有压力，有选择就会有取舍，有机遇就会有挑战。在诱惑和压力的双重作用下，在多种目标的选择中，莘莘学子不免感到困惑不安，难以决断，心理矛盾和冲突也随之而生。

一、大学生择业的心理矛盾

（一）择业价值观念和择业行为的矛盾

市场经济条件下社会群体利益分配的差异性以及群体价值观念的多元化，使大学生在择业价值观念上的困惑和矛盾明显增多。例如，有的大学生强调个性，强调与众不同，但在择业时却容易赶时髦、随大溜，对著名跨国公司、外资企业趋之若鹜；有的大学生有爱国热情和忧患意识，希望国家尽快发展和强大起来，希望家乡尽快改变落后面貌，但在选择工作去向时，却往往更多地考虑自己的利益和发展，不太愿意去艰苦落后的地方；有的大学生渴望走向社会，尽快证明和实现自身的价值，但在择业时面对激烈的竞争和无情的淘汰感到无所适从；也有的大学生崇尚真、善、美的精神境界和高尚的人格，对那些在平凡岗位上无私奉献的优秀人物深表敬佩，但在现实生活中他们却还是讲实际、图实惠。

（二）理想目标与现实需求的矛盾

大学时期是人生的多梦季节，大学生对于自己今后的发展，常有着各种美丽的构想。而职业不单是一种谋生的手段，更是大学生实现理想目标的重要途径。每一个大学生都希望自己能寻找到一个既体面又能发挥才干的理想职业，好干出一点名堂。然而社会是复杂的，理想与现实是有距离的，美好的愿望有时会被无情的现实击得粉碎。例如，有的大学生踌躇满志、豪情满怀，准备在社会上搏击一番，但由于他们涉世尚浅，对社会了解还不够深，理想目标往往脱离现实的客观条件；有的大学生择业的期望值居高不下，甚至给自己划定择业范围——名气不响的单位不去，收入不高的单位不去,不是大城市不去,没有提升希望的不去,从而使择业的理想目标与现实需求之间产生较大的冲突。

(三)求稳与求变的矛盾

当今的世界,挑战与机遇并存,希望与危机同在。当代大学生拥有更多的事业成功的选择,也具有十分强烈的成才愿望和热情。但面临毕业,在择业过程中是求稳还是求变,令他们十分困惑。到底是寻找一份待遇好、稳定系数高的职业,还是不断挑战自我、追求更多的可能性,是替别人打工,还是敢于冒风险、尝试自主创业。俗话说得好,"人无远虑必有近忧。"过于保守求稳也会影响今后的发展,现实生活中也确实有个别毕业生因害怕失败而错失良机。但不容否认的是,在激烈甚至残酷的竞争面前,确实有一些毕业生产生了保险求稳心理,在关键时刻趋向稳妥和保守,如公务员、教师等相对比较稳定、待遇又在不断提高的职业,越来越受到大学生的青睐。在人才招聘市场上,不少非师范类的高校毕业生也把简历投向了原来根本不会考虑的教师系统,去当一名中小学教师。尽管如此,大学生内心深处仍然不甘心,一颗"骚动不安的心"依然希望求新求变。于是,矛盾、犹豫交织在一起,心理上的冲突难以避免。

（四）渴望竞争与缺乏勇气的矛盾

就业制度的改革，为大学生的择业提供了公开、公平的竞争环境，大学生对此渴望已久。他们已经认识到，在激烈的市场竞争中，如果没有强烈的竞争意识，就不可能成就一番事业。但是当真正面对社会提供的竞争机会时，许多大学生又顾虑重重，缺乏勇气。有的同学怕竞争失败丢了面子，有的同学怕竞争伤了和气，有的同学认为不正之风干扰太大，竞争肯定会失败等。于是，他们把不愿参与竞争的原因归结于客观条件。其实，真正的原因是他们自己主观努力不够，缺乏实践的能力和勇气。尤其是一些学生在择业遇到困难时，不善于调整目标、调整自己，而是打退堂鼓，拱手让出竞争的权利。

（五）所学专业与未来工作的矛盾

在大学生择业过程中，许多学生对自己的专业看得很重，只要是专业不对口就认为不适合自己。但现实社会的就业岗位，真正完全与所学专业对口的工作是不多的，于是就产生了所学专业与未来工作的矛盾。其实，我国的本科教育更多的是对学习能力的教育，是对接受新事物能力的教育，是对适应环境能力的教育。

况且，许多公司和企业在招收大学毕业生时根本就不限制专业，仅对应聘者进行基本能力的测试和面试。因此，大学毕业生完全不必为学不能致用而苦恼。

（六）亲情与爱情的矛盾

现在的大学生独生子女增多，父母大多希望他们毕业后回到自己身边，尤其是女生，家长更加不放心她们独自在外地生活。那些在读书期间谈恋爱的大学生们，毕业时为了能和恋人在一起想尽了办法，但父母的期盼又增添了许多烦恼。男生希望女生到自己家乡落户，女生却希望男生到自己家乡安家。如果双方妥协，一起留在外地，又伤了父母的心。所以，亲情与爱情的矛盾也是大学毕业生经常遇到的烦恼。

二、大学生择业的心理误区

随着择业竞争的日益加剧，大学生的择业心理发生了很大变化。面对就业制度的改革和巨大的竞争压力，大学生择业困难，往往使他们在心理上出现各种困惑。

（一）只顾眼前利益，选择单位只看实惠不实惠

由于市场经济大潮的影响，一部分大学生择业时只顾眼前利益，过分注重经济效益，讲究实惠，忽视了个人的发展。他们的观点是"管它专业对口不对口，挣钱第一""先挣钱，后搞专业"，在与用人单位洽谈时，有些毕业生首先问及的是单位的效益、待遇、住房、奖金等，而对自己的发展前景不加考虑。他们的眼睛只盯着外贸、金融、保险和电信等经济效益好的企业，在择业中表现出急功近利的状态。

（二）抱怨竞争环境，认为择业的竞争就是关系的竞争

毕业生就业制度的改革，为大学生择业提供了公开、公平的竞争环境，使他们的择业有了更大的自由度和更多的选择机会。而有些大学生仍然抱怨竞争环境不公平，认为择业的竞争不是求职者素质的竞争，而是关系的竞争，是看谁的后台关系硬。

（三）强求心理平衡，认为自己不能比别人差

在择业过程中，许多大学生参加了供需双方洽谈会。在这种场合，有的同学评价自己的价值能否得到承认的办法是互相攀比，如哪个同学选择了知名度高、效益好的单位，哪个同学去了大城

市或高层次的部门等。在他们心里总有一个念头："我不能比别人差，我不能不如人。"尤其是学习成绩稍好的大学生更是如此。在这种心理的作用下，有些大学生择业时往往拿自己身边同学的择业标准来定自己的择业标准，"这山望着那山高"；有的同学无主见，认为大多数人钟情的工作一定是好工作，盲目跟风，忽视了自己的特长。这种强求心理平衡的结果，既延误了时机，又丧失了最能发挥自己特长的机会。

（四）虚荣心理较强，择业时过度自信

有的大学毕业生在择业过程中，过度粉饰自己，孤芳自赏，认为自己在学校经过多年学习，有了资本，以"天之骄子"自居，社会上各种工作对他们来说都不在话下，任何事情都游刃有余。还有的大学生虚荣心较强，在推销自己时有意抬高自己，甚至弄虚作假。他们存在侥幸心理，认为在洽谈会上，时间短、任务重，招聘人员不可能考核那么全面，只要自己能充分表现自我，管它是否有真本事，能签约就是真本事。

三、大学生择业的心理困扰

大学生在择业过程中出现的心理矛盾，如果得不到及时的疏导和调节，可能发展成为影响择业的心理问题。这些不良的心理问题一旦形成，就会严重困扰大学生的日常学习、生活乃至就业。

（一）固执、狭隘的心理

在择业过程中，有的大学生缺少变通，他们不懂得社会需要，不看社会分工与专业分化的辩证关系，只看到专业的独特性，无视专业的适应性。面对各种"专业不对口"的职业，他们会产生一种不踏实感、失落感和困惑感，为可能出现的困难担忧不已。他们既不想迷失自己，又缺乏大胆开辟新路径的勇气，对未来有一种莫名其妙的焦虑感。因此，他们在择业时顾虑重重，只愿在自己熟悉的领域求职，以求最大的保险系数。他们一味固执在自己既定的目标上，忽视现实，使择业范围大大缩小，成功的机会也就大大减少。

（二）依赖、犹豫的心理

在择业过程中，有的大学生对自己缺乏清醒的认识，择业信心不足，犹豫观望。他们在择业时依赖父母，依赖社会关系，依赖学校和老师。例如，在人才市场上，父母代替子女、朋友代替他人与用人单位洽谈的场面屡见不鲜，好像不是自己求职，而是父母、朋友求职。也有的大学生在择业过程中缺乏自我选择、决断的能力，不能积极主动地去竞争，而是等单位上门，等老师帮助，结果往往一事无成，影响就业。

（三）自卑、自贬的心理

自卑心理表现为对自己能力评价过低，看不起自己。这一消极有害的心理存在于不少毕业生身上，严重影响他们的择业。有些性格比较内向、不善言辞、成绩平平的大学生，面对择业市场，常常产生自卑心理，他们不敢大胆推荐自己，认为竞争力不够。也有些大学生不能客观地认识自己，在择业中缺乏自信心，勇气不足。尤其是对那些自我意识发展不健全的大学生、部分择业困难的女大学生以及性格内向或有生理缺陷的大学生来说，强烈的自卑心理会成为他们择业乃至生活上的极大障碍。

（四）自负自傲的心理

自负心理是指过高地估计个人的能力，没有自知之明。有的大学生自视是"天之骄子""满腹经纶""学富五车",认为在择业应试时应该得到优待。在这种择业观念的支配下,他们心理定位偏高,往往向往高薪水、高职位、高起点的职业,结果往往高不成低不就,迟迟不能落实单位。还有的大学生在择业过程中,总抱有洋洋得意、自负自傲的心理,在面试时夸夸其谈、海阔天空,给用人单位留下浮躁、不踏实的印象。看到别的同学都签约了,他们常常满腹牢骚,怨天尤人,抱怨"世上无伯乐",抱怨自己生不逢时。当他们带着这种心理状态继续择业时,依然到处碰壁。如此恶性循环,导致部分大学生会对社会、对人生产生不满情绪。

(五)恐惧焦虑的心理

多数大学生在择业过程中,都会或多或少地出现焦虑。优秀大学毕业生为能否找到实现人生价值的理想单位而焦虑,成绩不佳的大学生因害怕没有单位接收而焦虑,来自边远地区的大学生为不想回本地区而焦虑,恋人们因为不能继续在一起而焦虑,还有一些大学生优柔寡断,不知自己毕业后去向何处而焦虑。大学毕业生的上述焦虑心理一般不会对生活构成影响,但如果焦虑不能得到及时的缓解,就有可能干扰正常的生活、学习和娱乐,成为择业的绊脚石。

第三节 大学生择业的心理准备

择业，是大学生即将结束学业，步入社会的前奏，是完成人生从学生到职员的一次重大转折，是大学生施展才华、叩开职业大门的过程。为顺利完成这次转折，在未来的工作岗位上做出成绩，大学生在校期间应充分做好择业的心理准备。

一、洞察市场，增强择业信心

我国的高等教育正在从精英教育向大众化教育转型，扩招后的毕业生人数逐年上升，毕业生的就业逐渐成为社会关注的热点问题。因此，大学生应关注人才市场的新变化和新特点，对未来人才市场的激烈竞争要有充分的心理准备。

（一）把握人才市场脉搏

随着中国加入世界贸易组织，以及世界经济形势的不断变化，社会对人才需求的层次不断提升，各类与国际接轨的、懂得国际通行规则的专业人才非常紧缺。据专家分析，中国加入世界贸易组织后，外语类、金融财会类、商贸类、旅游类、法律类以及经济管理类等专业人才的需求形势会逐渐走高。近年来，一直不景气的国际经济贸易类和涉外专业人才的需求量也开始大幅度提升。传统专业毕业生就业形势严峻，从目前情况看，这类专业有历史学、考古专业、基础教育学、物理学、社会学等。现在用人单位对人才的基础需求也有了很大的变化，对英语的要求由四级变成了六级，计算机由市内二级变成了国家级二级。不少用人单位在招聘现场要求学生用英语填写简历，或进行英语对话。所以，今后大学毕业生的这两项能力一定要过硬。

与此同时，社会各类人士与大学毕业生竞争就业岗位的趋势也不容忽视。首先，"海归派"结队登陆，回国创业初见端倪。海外人员的回归，对国家和社会来说，无疑是人才汇聚的福音，这对我国的发展是很有利的，但对即将踏上社会择业的大学生来说，无疑增加了许多强有力的竞争对手。其次，高职称、高学历人才递增，择业竞争不容忽视。加入世贸组织以后的各行各业，瞄准高学历、高职称人员，这已经成为不争的事实。第三，再就业人员异军突起，竞争实力不容低估。前几年，因为行业调整，大批人员下岗。这些下岗人员因为行业调整，付出了沉重的代价，牺牲了自己的岗位。这几年，他们纷纷充电学习，不断积蓄自己的实力，寻找发展的机会，不少优秀人才在学习中寻找新的就业机会，重新走上了新的技术岗位。因此，大学毕业生要早做好心理准备，积极行动起来，寻找应对的良策。

（二）确立择业竞争意识

优胜劣汰、竞争角逐，适者生存、胜者发展是今天市场经济的一个显著特征。随着市场经济机制的完善，各种竞争日趋激烈。在过去的20多年中，毕业生基本上生活、学习和成长在一个风平浪静、一帆风顺的氛围中，现在一旦走出大学这座"围城"，直面一个充满竞争的社会大舞台，只有具备较强的竞争意识和主动出击心理的毕业生，才能抓住那些稍纵即逝的机会，找到一份较为满意的工作，充分展示自己的抱负和才华。所以，大学毕业生在步入社会、进行择业之际，必须确立主动出击的竞争意识，意识到竞争是一种常态。在校期间不断充实和完善自己，提高竞争实力。在人才市场上对自己充满信心，不轻易放弃任何一个可以抓住的机会，在用人单位面前尽显自己的风采。

(三）提升择业成功的信心

与金钱、权势、出身、亲友相比，自信是更有力量的品质，是人们从事任何事业的可靠的资本。自信可以排除各种障碍，克服种种困难，使事业获得圆满成功。自信也是大学生成名立业的基石。因此，大学生在择业过程中要充满信心，不断增强自主择业的意识，树立"要工作，找市场"的观念。要充分认识到，大学生就业不仅是国家和学校的事，更是自己应主动关心的大事，要主动了解所在学校的就业形势、就业情况和具体的择业技巧，同时在择业期间应不断向老师、同学咨询。无论在任何情况下，都要充满信心，相信自己能够面对挑战，并且能够战胜挑战，创造奇迹。当然，这种坚定不移的信心应扎根于事实的根基之上。否则，那种没有事实作依据的信心，只是一种苍白的自我安慰而已。

二、自我设计，注重发挥自身潜能

（一）强化择业的倾向性

所谓择业的倾向性，就是指人们对职业的认识、意向以及就业所持的主要观点。大学时代是人生道路上的一个重要阶段，随着生理和心理的逐渐成熟，大学生对职业的种类、社会地位、经济地位等都有了一定的认识，个人的兴趣、爱好、能力、情感、价值观等便逐渐反映到职业选择上来，实际的就业目标与原来的志向有了分化。因此，客观地、冷静地分析自己的条件和发展前途，强化自己的择业倾向意识，形成较为实际、明确、具体的择业倾向，对大学生的就业和事业的成功至关重要。

1. 认识自己，调整期望值

对于大学生来说，充分认识自己意味着生活与理想应切合实际，不能脱离周围现实环境。只有充分了解自己，对自己的能力做出适度的估计，才能寻找到适合自己发展的职业和岗位，为自己走向成功迈出第一步。

踏入高等学府，身为"天之骄子"的自豪感使大学生自视甚高，对未来充满了种种美好的憧憬，意欲一展鸿鹄之志者比比皆是。然而，大学生这一群体，每个个体的实际情况又不尽相同，他们的兴趣、气质、能力等各方面都存在着很大的差异。我们不可能要求每个人都成为经理、董事长、作家、艺术家，同理，也不是每个人都可以做经理、董事长、作家、艺术家。每个人的发展机遇和他们各自先天的许多条件往往有着直接的联系。因而，大学生只有正确认识自我，选择能发挥自身特长、挖掘自我潜力的职业，才能真正做到人尽其才，物尽其用。

2.树立现实的就业观念，确定正确的价值取向

当前，市场经济大潮奔流不息，其间也不免有许多腐朽的沉渣泛起，如金钱至上观念、享乐主义观念等，影响着大学生的正确择业行为。发展社会主义市场经济，就是为了提高人民的生活水平，让人们口袋里有更多的钱，生活得更加舒畅。但如果人们仅仅沉溺于低层次的生理性、物质性需要时，就会变得目光短浅、心胸狭窄，并且会经常纠缠于利害得失，平添种种烦恼。我们只有树立正确的人生价值观，追求和发展高层次的社会性、精神性需要，才能超脱种种世俗的烦恼和功名利禄，不断得到精神上的愉悦享受。大学生不该囿于"天之骄子"的优越感中，除职业的社会地位和社会声望外，还应该看到职业多方面的价值，确定正确的择业观念，在自己选择职业中实现自我的价值。

3.纠正盲从的择业心理

大学生在择业过程中，在形成自我正确的职业倾向时，要树立正确的择业意识，避免不切合自身实际的从众心态。人才市场

·271·

的竞争使大学生机会均等，使个体可以发展，然而这就需要大学生有正确的择业心态。要跳出择业从众心态的怪圈，切忌随波逐流，跟着感觉走，最终选择的职业，应该是适合自我专长、特长的职业，而非热门的、赶时髦但不适合自我情况的职业。与此同时，对大学生来说，要想顺利择业，必须坚定自我的择业倾向，增强自信心，相信自身的才能和长处，满怀信心地展示自我。如果自感实力不够，竞争不过别人，也不必自卑失落，而要用更为现实的标准审视自我，找到自身的定位。成功，固然应该高兴，然而失败也并非全无益处，人生旅途中避免挫折，但挫折能磨炼人的意志。只要我们能正确找出导致失败的原因，做出客观的分析，择业的信心就不会被消磨掉，择业的倾向性才不会偏离。

三、提高择业的科学性

大学生的择业过程，从表面上看，是毕业生考虑如何找到一份比较满意的职业；从深层意义上来看，是毕业生规划自己的人生道路、策划和选择一生的事业。因此，择业选择、策划是否科学合理，不仅影响到毕业生能否顺利就业，而且影响到毕业生能否为走好人生道路打下坚实的基础。为了提高择业的科学性，大学生在择业决策过程中应从以下几个步骤着手：

（一）制定人生理想，确立择业目标

想成为什么样的人，或者人生目标是什么，这是大学毕业生首先应该考虑的问题。毫无疑问，每个人都想成为一个成功的人，但是成功的标准是什么，每个人都会有不同的答案。有人为了名，有人为了利，还有人为了名利双收。然而，在实际生活中，名与利常常不可兼得。选择不同的职业，就是在选择不同的社会角色和社会地位。因此，毕业生在进行就业选择时，首先要决定的是"我想成为一个什么样的人？我想从事一份什么样的工作？"每个毕业生都应该思考自己的目标，而且目标越明确、越具体、越有可操作性，就越能制定出合适的、科学的策略和计划，也就越能实现自己的目标。

（二）分析自身实力，明确心理定位

实力分析有两方面：一是自己的专业素质和非专业素质是否符合职业本身的要求。二是自己在就业竞争中处于优势地位还是劣势地位。大学毕业生都有一定的专业知识，因此，若从事与所

学专业一致的工作，相对于其他专业的毕业生来说，专业知识就是自己的优势。但是，由于学业成绩的不同及运用知识能力的高低，相同专业乃至相近专业的毕业生也有实力高低之分。对于那些对专业知识没有太高要求的职业来说，非专业素质的高低就决定了毕业生竞争实力的高低。总之，要针对目标，对自己进行全面分析，要做到心中有数，只有这样，才能使自己的择业决策更有针对性和科学性。

（三）寻找能够实现自己目标的单位

寻找能够实现自己目标的单位是提高就业决策科学性的关键环节。因为，就业的最终实现，体现在你找到了一个愿意接收你并且你也愿意去的工作单位。但是，对于很多毕业生来说，目标也许是抽象模糊的，而选择对象往往是具体的，毕业生所注重的任何一个方面也许都有许多单位同时能够满足。例如，一个倾向于高薪的毕业生，可能发现许多单位提供的薪水都比较高，但这些单位的工作性质却大相径庭，即使同行业、同规模的单位也可能由于企业文化、经营管理方式等方面有所不同，给毕业生的发展前景带来完全不同的结果。要从众多单位中寻找到自己的目标单位，就需要尽可能获得足够的信息，没有足够的信息，一切的分析判断都无从进行。

（四）在选择中修正目标，提高实施针对性、合理性和可行性

绝大多数毕业生都是第一次真正面对社会，因此，当直接与社会打交道时，往往可能发现自己处在尴尬的境地：自己设计的人生目标并不现实；学校里所学的知识一点儿也派不上用场；面对陌生的人和事显得无所适从，等等。这就需要毕业生不断地调整自己的目标，也需要毕业生改变实施策略，在与社会的接触中使自己迅速成熟起来，使自己的就业技巧尽快娴熟起来，能够从容面对社会的挑选，也能冷静地选择合适的单位。只有这样，才能使自己更好地提高择业决策的针对性、合理性和可行性。

四、拟定择业思路

择业是大学生在人生十字路口的一次重大抉择，都渴望有一个令人羡慕的职业，但是选取自己满意的职业却不是每个大学生都能轻松做到的。求职的每一个过程都需要做出正确的选择和判断，都需要有充分的心理准备。

（一）专业对口的择业思路

大学生的职业选择必须从客观现实出发，一定要将个人的职业愿望、自身素质与兴趣、能力结合起来，加以考虑，估计一下自己能否满足某项职业的要求，认真评价个人职业意愿的可能性。如果对照后非常符合条件，那么就可以选择专业对口的职业。学以致用，这样会使你很快地融入工作中去，迅速将你的能力和才华发挥出来。

（二）专业错位的择业思路

每个行业对所需的人才都有着不同的要求，每个行业都有着不同的发展前景。如果某些行业不适合你或你对此不感兴趣，或这个行业已没有发展前途、人满为患，那么专业错位择业也是不错的选择。

有些大学生过分强调专业对口，在就业过程中死盯着专业不放，从而丧失了就业机会。实际上，具有发展潜质的大学生都是树立"先就业，后择业"的观念。学非所用在用人制度发生巨大变化的今天已不是什么新鲜事，博士、硕士改行投身其他行业并取得一定成绩的不乏其人。所谓的学历、专业只能说明你经受了一定层次的教育，但并不意味着你必须选择这种职业。即使你在专业不对口的岗位上并没有获得成功，但你积累了宝贵的工作和人生经验，为你重新选择职业提供了大量有益的财富。因为，你的职业生涯中所包含的不仅仅有专业，还包括人际关系、处理问题的能力、协调能力、创造精神，等等。

参考文献

[1]章玉祉，谌欣，郑旭江等. 大学生心理健康研究二十三年——基于CNKI和Web of Science数据库的可视化分析[J]. 内蒙古农业大学学报（社会科学版），2024，（01）：27-39.

[2]乔杨. 高校心理健康教育课程的体验式教学改革研究——以山东科技大学为例[J]. 吉林省教育学院学报，2024，40（02）：113-117.

[3]仇冰沽，高欣，张静等. 日记式心理教育在双相情感障碍大学生中的干预效果[J]. 心理月刊，2024，19（03）：73-75+79.

[4]周秀芳，周振华. 信息时代高校大学生心理健康教育新思考——评《新时代应用型高校大学生心理健康教育研究》[J]. 中国教育学刊，2024，（02）：134.

[5]林丽红，杨光，徐莹. 新时代异地办学高校大学生心理教育探析[J]. 佳木斯职业学院学报，2024，40（01）：73-75.

[6]张园园. 社交媒体对大学生心理行为的影响及应对[J]. 黄河科技学院学报，2024，26（01）：85-89.

[7]于志英，朱文琪，金相宜等. 大学生共情能力现状研究[J]. 西部

素质教育，2023，9（24）：111-115.

[8]李箫，王玉山. 学校心理健康教育与家庭干预结合对大学生心理健康的影响研究[J]. 心理月刊，2023，18（23）：68-70+110.

[9]赵郝锐. 体验式教学在大学生心理健康教育课程中的应用探索[J]. 黑龙江教师发展学院学报，2023，42（12）：43-45.

[10]吴晨兰，朱羽，于慧婷. 立德树人视域下供需适配的高职大学生心理健康教育课程优化策略探究[J]. 科技风，2023，（32）：10-12.

[11]王平日. 重心理，促发展——关于大学生心理健康教育的几点思考[J]. 辽宁高职学报，2023，25（11）：101-103+107.

[12]陈文娟. "大学生心理健康教育"课程线上线下混合式教学应用研究——基于互联网短视频模式[J]. 品位·经典，2023，（20）：155-157.

[13]徐辉. 思政视域下大学生心理健康教育模式构建[J]. 中学政治教学参考，2023，（39）：107.

[14]邓成凤. 大学生思政教育与心理教育的并行与融合关系发展研究[J]. 湖北开放职业学院学报，2023，36（19）：111-113.

[15]郑泽然，李焕. 道家思想在大学生心理健康教育课程中的运用[J]. 文山学院学报，2023，36（04）：102-106.

[16]郭楠. 中华优秀传统文化融入大学生心理健康教育课程研究[J]. 公关世界，2023，（16）：111-113.

[17]贺莎. 茶道精神与大学生心理教育融合发展的实践分析[J]. 福

建茶叶，2023，45（08）：119-121.

[18]陆霁. 基于创业视角的高校大学生创新心理教育路径研究[J]. 大学，2023，（23）：93-96.

[19]陈俏，吴志兵. "三全育人"视域下高职院校大学生心理健康教育的对策[J]. 品位·经典，2023，（15）：142-145.

[20]黄玉峤. 某高校大学生心理教育及综合辅导管理信息系统的设计与实现[D]. 西华大学，2018.

[21]贾峰岩. 大学生思想政治教育对儒家心理教育思想的借鉴研究[D]. 山西师范大学，2017.

[22]游英会. 大学生心理健康教育课程教学质量评价指标体系研究[D]. 南京医科大学，2017.

[23]张钰苹. 网络背景下大学生恋爱压力心理教育问题研究[D]. 南京邮电大学，2016.

[24]王晓青. 基于人职匹配理论的女大学生创业心理教育研究[D]. 南京林业大学，2015.

[25]王贝. 独立学院大学生心理素质教育研究[D]. 湖北工业大学，2014.

[26]范茹. 儒家心理教育思想的大学生思想政治教育价值研究[D]. 山西农业大学，2013.

[27]戈化聪. 心理教育对大学生德育实现途径的研究[D]. 太原科技大学，2013.

[28]王晶晶. 大学生网络心理教育研究[D]. 重庆工商大学，2012.

[29]张军华．张军华．青少年心理健康的循证研究[M]．南京：南京大学出版社：2022.

[30]万传华．健康中国战略下国民心理健康法治保障研究[M]．北京：中国政法大学出版社：2022.

[31]俞国良．心理健康教育理论政策研究[M]．北京：北京师范大学出版社：2020.